数が苦手な子のための
計算支援ワーク 2

数を使いこなす
上達トレーニング編

大江浩光 著

明治図書

巻 頭 言

—どの子も伸びる　主体的・対話的で深い学びの実現—

「菊地道場」道場長　菊池　省三

　本シリーズは，多様な子どもの学びを引き出す算数科指導のヒントが，具体的に示されている画期的なシリーズである。大江氏は，既存の特別支援教育における指導法を20年以上の実践から丁寧に見直し，子どもたちが将来，自分の居場所をつくっていける教育のあり方を自分たち教師に示している。

　平成28年の秋，大江氏から本シリーズに対して「解説を書いてもらえないだろうか」と連絡があった。数日後，大江氏から，シリーズの分厚い本が届いた。すぐに開封して読むとともに，大江氏から直接話を聞いた。私は，「この本は，特別支援教育の現場で結果が出せる素晴らしい本である」と痛感し，本書の解説執筆を快諾した。

　本シリーズに関する率直な感想は，下記の7点である。

①結果が出る本である。また実際，結果を出している。
②多様な指導法やプリント集，アプリの活用法を紹介している。
③詳細な指導カリキュラムをつくっているので，系統的に取り組める。
④特別支援教育の算数科において，何をどのように教えるべきかを明確に掲載している。
⑤教科書に沿っている。
⑥主体的・対話的で深い学びの視点に立った指導がされている。
⑦家庭と連携して取り組める。

　学校現場はもちろん，保護者の方々にも，ぜひ活用していただきたいシリーズである。

まえがき

　特別支援教育に携わる際には，学習指導計画や指導マニュアルが必要になります。しかし，実際の学校現場ではどうでしょうか。詳細な学習指導計画や指導マニュアルをつくっている学校は少なく，困っている先生方が多いようです。25年前，初めて特別支援学級を担任させていただいた私も同じでした。何をどのようにしてよいか分からず，低学年のプリントを参考にしてつくり直し，それをもとに授業をするのが関の山でした。昨今，特別支援学級は，各都道府県で急増しています。私の勤務する鹿児島市でも，特別支援学級は平成24年から平成28年にかけて，約1.5倍になりました。その状況下で，初めて特別支援教育の指導に携わる教師（指導者）も多く，どのように取り組んだらよいか苦慮しています。

　そこで，誰でも使え，個に応じた多様な指導法を掲載している詳細な学習指導計画や指導マニュアルの必要性を痛感し，大学教授や行政の先生方，特別支援学校・特別支援学級の先生方の協力を得ながら，本シリーズを作成しました。

　掲載している内容はすべて実践済みで，結果も残しています。

　結果にこだわった本です。支援を必要としている子どもの指導に最適です。

結果につながる７つのポイント

ポイント１
暗算で買い物計算ができるまでをシリーズで構成

暗算で買い物計算ができるまでの過程をシリーズで構成しています。

ポイント２
暗算で買い物計算ができるまでに必要な単元を抜粋

　１年生〜３年生までで，暗算で買い物計算ができるために必要な単元を抜粋し，取り組めるようにしています。

ポイント３
教科書を基軸にしながら，多様な指導法を掲載

教科書の単元に沿いつつ，個に応じた指導に対応できる様々な指導法を載せています。

ポイント4
子どもにも分かりやすいように解き方を解説

　図解を入れるなど，視覚的に理解しやすい解説を掲載していますので，子どもによっては，自学できることもあります。(基本的には，教師（指導者）が指導資料として活用することをおすすめしています。)

ポイント5
多様な指導法をもとにした詳細なステップアップワークシートを掲載

　詳細なステップを設定した多くのワークシートを掲載しています。何度もコピーして使用することができ，ワークシートに取り組み方の例を掲載しているものもあります。

ポイント6
「たす・ひく」アプリとの併用により，学習効果が期待できる

　アプリには，学びを行う「学習コーナー」と，学んだことをどれだけ習得しているかをチェックできる「計算ゲームコーナー」があります。無料版（一部使用できない部分あり）と 有料版（ワンコインランチ以下の金額ですべてが使える）があります。有料版は，一度ダウンロードすれば，月々の支払いは，不必要です。(iOS版・Android版の両方ともあります。)

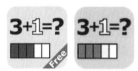

ポイント7
詳細な「学習指導計画・チェックリスト」

　系統的・計画的に学習・チェックできるように，巻末には詳細な「学習指導計画・チェックリスト」を掲載しています。

大江　浩光

【お願い・注意】
・本書は，子どもの実態に応じ，補助資料として内容を取捨選択してご活用ください。
・子どもへ指導する際のコピー配布はOKです。子どもの実態に応じて，適宜拡大コピーをしてご使用ください。指導者間で本書をコピーしたり，書籍・雑誌等に無断転載することは，著作権に触れますので，おやめください。

もくじ

巻頭言 ―どの子も伸びる　主体的・対話的で深い学びの実現―　菊池省三　3
まえがき　4

第1章　「主体的・対話的で深い学び」の視点に立った計算指導

1　「主体的・対話的で深い学び」の視点に立った指導 …………………… 10
2　計算指導の単元のポイント ………………………………………………… 11

第2章　くり上がり・くり下がりのあるたし算・ひき算にチャレンジ

くり上がり・くり下がりのあるたし算・ひき算の指導法＆問題づくり … 14
　(1) 教科書掲載の指導法―たし算 ………………………………………… 15
　　　ワーク　たされる数がたす数より大きいたし算 ………………… 16
　　　たされる数がたす数より大きいたし算
　　　（指導者用プリント作成枠） ………………………………………… 17
　　　たされる数がたす数より大きいたし算（まとめ） ………………… 18
　　　たされる数がたす数より大きいたし算（まとめ）
　　　（指導者用プリント作成枠） ………………………………………… 19
　　　たされる数がたす数より小さいたし算 ……………………………… 20
　　　たされる数がたす数より小さいたし算
　　　（指導者用プリント作成枠） ………………………………………… 21
　　　たされる数がたす数より小さいたし算（まとめ） ………………… 22
　　　たされる数がたす数より小さいたし算（まとめ）
　　　（指導者用プリント作成枠） ………………………………………… 23

(2) 流れ型計算法による指導法―たし算 ･････････････････････････････ 24

✎ ワーク 流れ型くり上がりのある計算法プリント 1〜6 ･･････････ 25

流れ型くり上がりのある計算法プリント
（指導者用プリント作成枠） ･････････････････････････ 31

COLUMN 流れ型計算法一覧表（たし算）････････････････････････････ 32

(3) 3段階式学習法一覧表による指導法―たし算 ･････････････････････ 38

✎ ワーク くり上がりのあるたし算チェックプリント 1〜3 ･･･････ 40

(4) 教科書掲載の指導法―ひき算 ･･･････････････････････････････ 43

✎ ワーク くり下がりのあるひき算 1〜4 ･･･････････････････ 44

くり下がりのあるひき算（発展） 1〜4 ････････････ 48

(5) 流れ型計算法による指導法―ひき算 ･･･････････････････････････ 52

✎ ワーク 流れ型くり下がりのある計算法プリント 1〜6 ･･････････ 53

COLUMN 流れ型計算法一覧表（ひき算）････････････････････････････ 59

(6) 3段階式学習法一覧表による指導法―ひき算 ･････････････････････ 64

✎ ワーク くり下がりのあるひき算チェックプリント 1 2 ･･･････ 69

第3章 20〜99までの数にチャレンジ

✎ ワーク 20〜99までのかず（タイルつき） 1 2 ･････････ 73

20〜99までのかず（お金つき） 1〜3 ･･････････ 75

99までのかずチェックプリント 1〜18 ･･････････ 78

COLUMN 「たす・ひく」アプリ ･･･････････････････････････････ 96

解答　97

付録　学習指導計画・チェックリスト　110

あとがき　111

7

第 **1** 章

「主体的・対話的で深い学び」の視点に立った計算指導

1 「主体的・対話的で深い学び」の視点に立った指導

　平成28年12月21日に公表された「幼稚園，小学校，中学校，高等学校及び特別支援学校の学習指導要領等の改善及び必要な方策等について（答申）」には，「主体的・対話的で深い学び」について次のように記されています。

① 「主体的な学び」について
　　学ぶことに興味や関心をもち，自己のキャリア形成の方向性と関連付けながら，見通しを持って粘り強く取り組み，自己の学習を振り返って次につなげる「主体的な学び」が実現できているか。

② 「対話的な学び」について
　　子供同士の協働，教職員や地域の人との対話，先哲の考え方を手掛かりに考えること等を通じ，自己の考えを広げ深める「対話的な学び」が実現できているか。

③ 「深い学び」について
　　習得・活用・探究という学びの過程の中で，各教科の特質に応じた「見方・考え方」を働かせながら，知識を相互に関連付けてより深く理解したり，情報を精査して考えを形成したり，問題を見いだして解決策を考えたり，思いや考えを基に創造したりすることに向かう「深い学び」が実現できているか。

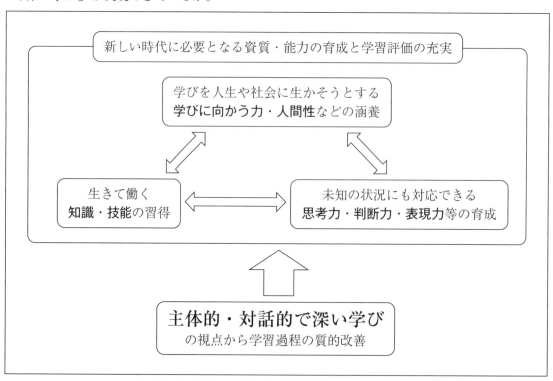

④特別支援教育における「主体的・対話的で深い学び」とは

「主体的な学び」……子供の学びに対する意欲を刺激するため，何を目的として学習をするかを明確にします。その目的達成のために，詳細なステップと個に応じた多様な指導法を用いることにより，「やるぞ」「できた」という意欲化と達成感が生まれ，それらが主体的な学びへとつながります。

「対話的な学び」……個々の実態に応じた教材を通して，子供同士や教師とのコミュニケーションを図ることにより，新たな考えに気づいたり，自分の考えを妥当なものにしたりすることが対話的な学びへとつながります。

「深い学び」…………単に知識や技能を習得するだけでなく，「社会における自立」へとつながるための知識や技能を取捨選択し，習得することが深い学びへとつながります。

2 計算指導の単元のポイント

子どもたちが自立し，社会参加するためには，暗算で買い物計算ができることがポイントになります。そのために，主に教科書（学校図書版教科書の場合）の以下の単元に重点をおいた指導計画で学習を進めます。

〈1年生の算数単元〉

「10までのかず」

「いくつといくつ」

「たしざん(1)」

「ひきざん(1)」

「10よりおおきいかず」

「たしざん(2)」

「ひきざん(2)」

「20よりおおきいかず」

〈2年生の算数単元〉

「1000までの数」

「たし算のひっ算」

「ひき算のひっ算」

〈3年生の算数単元〉

「たし算とひき算」

これらの単元を学習した後，「買い物計算に必要な計算法・学習プリント」（「支払い算プリント」，「本能式ねだん合計法プリント」，「本能式おつり計算法プリント」）と「買い物シミュレーション」に取り組むことにより，実践の場で，暗算で買い物計算ができる可能性を高めます。（他の単元を行わないというわけではありません。主に上記の12単元を学習した後，残りの単元を学習したり，並行して行ったりします。）

11

第2章

くり上がり・くり下がりのあるたし算・ひき算にチャレンジ

くり上がり・くり下がりのあるたし算・ひき算の指導法&問題づくり

　くり上がり・くり下がりのあるたし算・ひき算には，教科書に基づいた方法や，教科書の方法を少しアレンジした方法，感覚的に分かりやすい方法など，多様な方法があります。教科書に掲載している指導法を基軸にしながら，個々の実態に応じて，その子が取り組みやすい方法を選択したり，組み合わせたりすることが大切です。

①**教科書掲載の指導法**

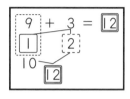
①10をつくるには，9とあと（1）
②3を（1）と（2）に分ける。
③9と（1）で10。
④10と（2）で12。

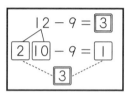
・12（たされる数）を（2）と（10）に分ける。

●**教科書をアレンジした指導法**

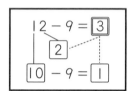
・12（たされる数）を（10）と（2）に分ける。

②**流れ型計算法による指導法**

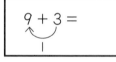 ⇒ ⇒

9を10にするため，3から1をもらう。その過程を⌣で書き込む。次に1を⌣の下に書く。

9と1をたした数の⑩を9の上に書く。

3から1とった数の②を3の上に書く。⑩+②をし，答えの12を書き込む。

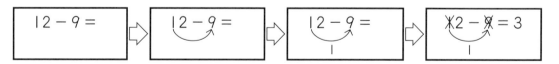

③**3段階式学習法一覧表による指導法**

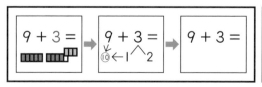　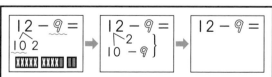

④**「たす・ひく」アプリを用いた指導法**

(1) **教科書掲載の指導法—たし算**

①たされる数がたす数より大きい場合（たす数を分解する）

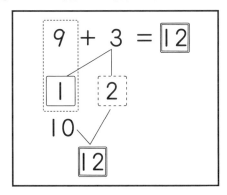

〔ポイント〕

大きな数に小さな数をたす計算は，小さい数に大きな数をたす計算より，取り組みやすいです。

たす数を分解し，たされる数を10にすることにより，10が前方，残りの2が後方にくるので，位取りの関係からも取り組みやすいのです。たされる数とたす数が同じとき（9＋9）は，たす数を分解してたし算を行います。

②たされる数がたす数より小さい場合①（たされる数を分解する）

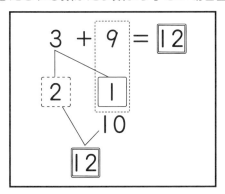

〔ポイント〕

たされる数がたす数より小さいときは，たされる数を分解して計算を行いますが，分解するのが，たされる数になるので，上の①とは異なる方法になります。そのため，違和感を感じる子どももいる可能性があります。

③たされる数がたす数より小さい場合②（たす数を分解する）

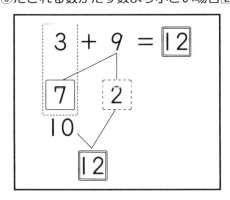

〔ポイント〕

上の①と同じ方法（たす数を分解する方法）で行うことにより，子どもたちは戸惑いません。特に，こだわりのある子どもにとっては有効です。

たされる数がたす数より大きいたし算

なまえ	

〔9 + 3の けいさんの しかた〕

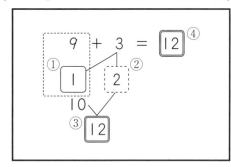

①→②→③→④の じゅんで，□や □，□ に かずを かきます。

つぎの □や，□，□ に かずを かきましょう。

①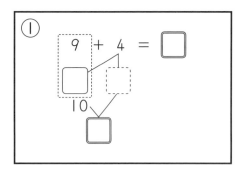

③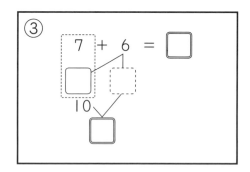

②

④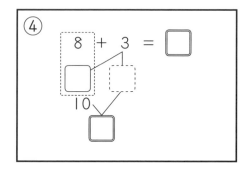

16

たされる数がたす数より大きいたし算（指導者用プリント作成枠）

なまえ	

〔9＋3の けいさんの しかた〕

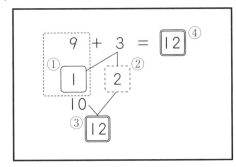

①→②→③→④の じゅんで、□や
□, □に かずを かきます。

つぎの □や, □, □に かずを かきましょう。

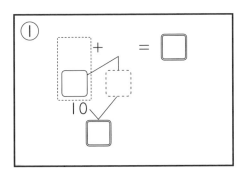

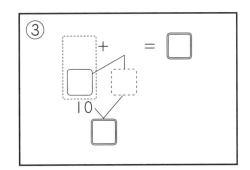

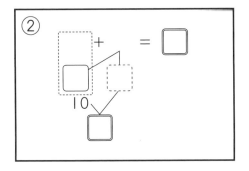

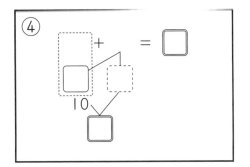

 **ワーク** たされる数がたす数より大きいたし算（まとめ）

なまえ	

〔9 + 3の いろいろな けいさんの しかた〕

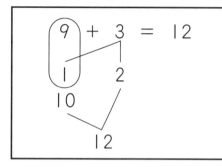

9 + 3 = 12
 1 2

9 + 3 = 12

じぶんの やりやすい けいさんの しかたで しましょう。

① 9 + 5 =

④ 9 + 8 =

② 6 + 6 =

⑤ 7 + 7 =

③ 8 + 6 =

⑥ 8 + 3 =

ワーク たされる数がたす数より大きいたし算（まとめ）（指導者用プリント作成枠）

	なまえ	

〔9＋3の いろいろな けいさんの しかた〕

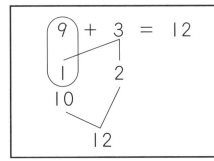

```
9 + 3 = 12
  1   2
```

```
9 + 3 = 12
```

じぶんの やりやすい けいさんの しかたで しましょう。

① ＋ ＝　　　　　④ ＋ ＝

② ＋ ＝　　　　　⑤ ＋ ＝

③ ＋ ＝　　　　　⑥ ＋ ＝

ワーク たされる数がたす数より小さいたし算

なまえ

〔3＋9の けいさんの しかた〕

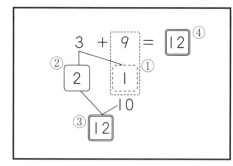

①→②→③→④の じゅんで、□や □, □ に かずを かきます。

つぎの □や, □, □ に かずを かきましょう。

①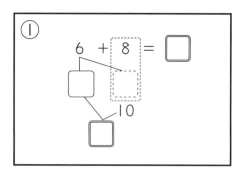

③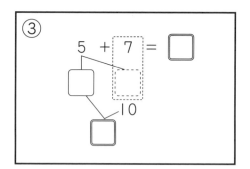

②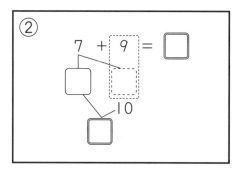

④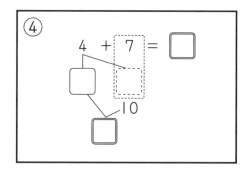

20

 **たされる数がたす数より小さいたし算（指導者用プリント作成枠）**

なまえ	

〔3＋9の けいさんの しかた〕

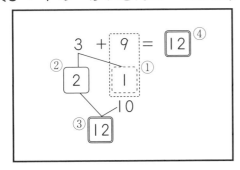

①→②→③→④の じゅんで、□や □, □ に かずを かきます。

つぎの □や, □, □ に かずを かきましょう。

①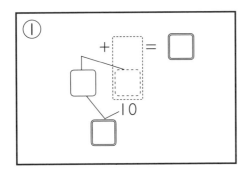

③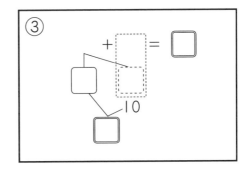

②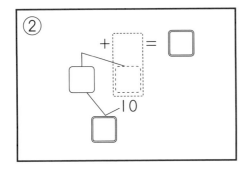

④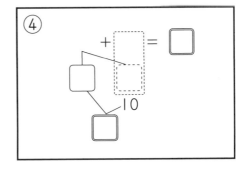

ワーク　たされる数がたす数より小さいたし算（まとめ）

なまえ

〔3＋9の いろいろな けいさんの しかた〕

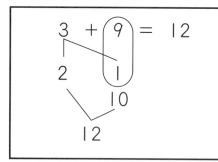

3 ＋ 9 ＝ 12

3 ＋ 9 ＝ 12

じぶんの やりやすい けいさんの しかたで しましょう。

① 4＋7＝

② 7＋9＝

③ 7＋8＝

④ 4＋9＝

⑤ 5＋6＝

⑥ 5＋8＝

たされる数がたす数より小さいたし算（まとめ）（指導者用プリント作成枠）

なまえ

〔3 + 9 の いろいろな けいさんの しかた〕

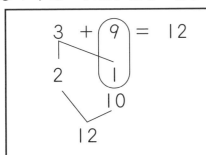

じぶんの やりやすい けいさんの しかたで しましょう。

① ＋ ＝ ④ ＋ ＝

② ＋ ＝ ⑤ ＋ ＝

③ ＋ ＝ ⑥ ＋ ＝

⑵ 流れ型計算法による指導法―たし算

　この計算方法は，教科書に掲載しているくり上がりのある計算方法を⌣や補助数字（矢印の下の1）を用いることにより，イメージ化しやすくしたものです。

　流れ型くり上がりのある計算法には，「書く流れ型」と「思考流れ型」があります。

〔書く流れ型〕

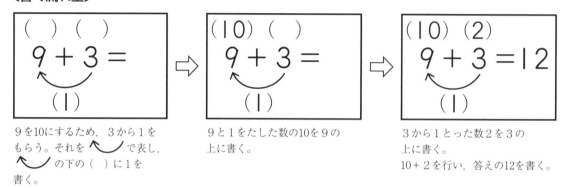

9を10にするため，3から1をもらう。それを⌣で表し，⌣の下の（ ）に1を書く。

9と1をたした数の10を9の上に書く。

3から1とった数2を3の上に書く。
10＋2を行い，答えの12を書く。

・書く流れ型のメリットは，右回りに記載していくことができることです。

〔思考流れ型〕

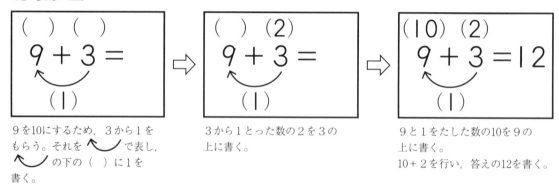

9を10にするため，3から1をもらう。それを⌣で表し，⌣の下の（ ）に1を書く。

3から1とった数の2を3の上に書く。

9と1をたした数の10を9の上に書く。
10＋2を行い，答えの12を書く。

・思考流れ型のメリットは，計算の順序に沿って，記号や数字を書くことができることです。

　どちらの方法を用いてもよいですが，子ども自身が使いやすい方を用いることが望ましいでしょう。指導者や子どもが迷うときは，「書く流れ型」を選択することをおすすめします。

ポイント

10はいくつといくつからできているかを〔10になる組み合わせ早覚え表〕（『数が苦手な子のための計算支援ワーク1　数に慣れる基礎トレーニング編』の41ページに掲載）を用いて，すぐに答えられるようにしておきましょう。

ワーク 流れ型くり上がりのある計算法プリント ①

なまえ

〔9 + 3の けいさんの しかた〕

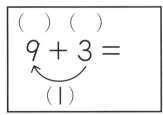
9を 10に する ため，
3から 1を もらう。それを
⌒で あらわし，
⌒の したの（ ）に 1を
かく。

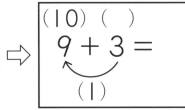
9と 1を たした かずの
10を 9の うえに かく。

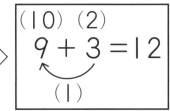
3から 1とった かずの
2を 3の うえに かく。
10と 2で 12と かく。

つぎの けいさんを しましょう。

① ( ) ( )
9 + 4 =
( )

② ( ) ( )
9 + 2 =
( )

③ ( ) ( )
9 + 8 =
( )

④ ( ) ( )
9 + 5 =
( )

⑤ ( ) ( )
9 + 7 =
( )

⑥ ( ) ( )
9 + 9 =
( )

⑦ ( ) ( )
9 + 6 =
( )

⑧ ( ) ( )
9 + 3 =
( )

ワーク 流れ型くり上がりのある計算法プリント ②

なまえ

〔8 + 3の けいさんの しかた〕

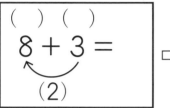 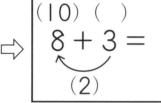 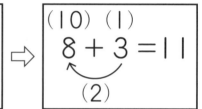

8を 10に する ため，3から 2を もらう。それを ⌒ で あらわし，⌒ の したの ( )に 2を かく。

8と 2を たした かずの 10を 8の うえの ( )に かく。

3から 2とった かずの 1を 3の うえに かく。10と 1で 11と かく。

つぎの けいさんを しましょう。

① ( ) ( )
8 + 4 =
( )

② ( ) ( )
8 + 7 =
( )

③ ( ) ( )
8 + 3 =
( )

④ ( ) ( )
8 + 6 =
( )

⑤ ( ) ( )
8 + 9 =
( )

⑥ ( ) ( )
8 + 8 =
( )

⑦ ( ) ( )
8 + 5 =
( )

ワーク 流れ型くり上がりのある計算法プリント ③

なまえ

〔8＋3の けいさんの しかた〕

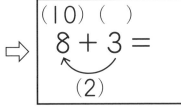

8を 10に する ため，3から 2を もらう。それを ⌒で あらわし，⌒の したの（ ）に 2を かく。

8と 2を たした かずの 10を 8の うえの（ ）に かく。

3から 2とった かずの 1を 3の うえに かく。10と 1で 11と かく。

つぎの けいさんを しましょう。

① ( ) ( )
7 + 5 =
( )

② ( ) ( )
7 + 4 =
( )

③ ( ) ( )
7 + 7 =
( )

④ ( ) ( )
7 + 8 =
( )

⑤ ( ) ( )
7 + 9 =
( )

⑥ ( ) ( )
7 + 6 =
( )

⑦ ( ) ( )
6 + 8 =
( )

⑧ ( ) ( )
6 + 7 =
( )

⑨ ( ) ( )
6 + 6 =
( )

⑩ ( ) ( )
6 + 5 =
( )

⑪ ( ) ( )
6 + 9 =
( )

ワーク 流れ型くり上がりのある計算法プリント④

なまえ

〔3 ＋ 8の けいさんの しかた〕

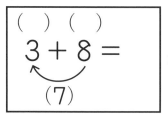 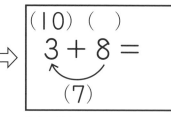 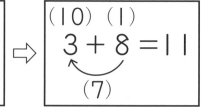

3を 10に する ため，8から 7を もらう。それを ⌢で あらわし，⌣の したの ( )に 7を かく。

3と 7を たした かずの 10を 3の うえの ( )に かく。

8から 7とった かずの 1を 8の うえに かく。10と 1で 11と かく。

つぎの けいさんを しましょう。

① ( ) ( )
5 ＋ 7 ＝
( )

② ( ) ( )
5 ＋ 6 ＝
( )

③ ( ) ( )
5 ＋ 8 ＝
( )

④ ( ) ( )
5 ＋ 9 ＝
( )

⑤ ( ) ( )
4 ＋ 8 ＝
( )

⑥ ( ) ( )
4 ＋ 9 ＝
( )

⑦ ( ) ( )
4 ＋ 7 ＝
( )

⑧ ( ) ( )
3 ＋ 9 ＝
( )

⑨ ( ) ( )
3 ＋ 8 ＝
( )

⑩ ( ) ( )
2 ＋ 9 ＝
( )

ワーク 流れ型くり上がりのある計算法プリント ⑤

なまえ

〔9＋3の けいさんの しかた〕

9＋3＝　　⇒　　9＋3＝　　⇒　　9＋3＝12
　（　）　　　　　（1）　　　　　（1）

9を 10に する ため，3から 1を もらう きごう を かく。

9を 10に する ための 3から もらう 1を（ ）に かく。

3から 1とった かず 2と 10で 12と かく。

つぎの けいさんを しましょう。

① 9＋4＝
　（　）

② 9＋6＝
　（　）

③ 9＋3＝
　（　）

④ 9＋5＝
　（　）

⑤ 9＋9＝
　（　）

⑥ 9＋7＝
　（　）

⑦ 9＋8＝
　（　）

⑧ 9＋2＝
　（　）

⑨ 8＋3＝
　（　）

⑩ 8＋5＝
　（　）

⑪ 8＋4＝
　（　）

⑫ 8＋7＝
　（　）

⑬ 8＋9＝
　（　）

⑭ 8＋8＝
　（　）

⑮ 8＋6＝
　（　）

✏️ ワーク　流れ型くり上がりのある計算法プリント⑥

なまえ	

〔9 + 3の　けいさんの　しかた〕

$9 + 3 =$　（　）　⇒　$9 + 3 =$　（ 1 ）　⇒　$9 + 3 = 12$　（ 1 ）

つぎの　けいさんを　しましょう。

① $7 + 5 =$　（　）

② $7 + 4 =$　（　）

③ $7 + 7 =$　（　）

④ $7 + 8 =$　（　）

⑤ $7 + 6 =$　（　）

⑥ $7 + 9 =$　（　）

⑦ $6 + 5 =$　（　）

⑧ $6 + 9 =$　（　）

⑨ $6 + 7 =$　（　）

⑩ $6 + 8 =$　（　）

⑪ $6 + 6 =$　（　）

⑫ $5 + 7 =$　（　）

⑬ $5 + 9 =$　（　）

⑭ $5 + 8 =$　（　）

⑮ $5 + 6 =$　（　）

⑯ $4 + 9 =$　（　）

⑰ $4 + 7 =$　（　）

⑱ $4 + 8 =$　（　）

⑲ $3 + 8 =$　（　）

⑳ $3 + 9 =$　（　）

㉑ $2 + 9 =$　（　）

流れ型くり上がりのある計算法プリント(指導者用プリント作成枠)

なまえ	

〔9＋3の けいさんの しかた〕

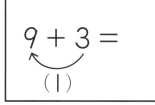 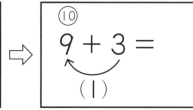 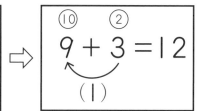

9を 10に する ため,
3から 1を もらう
きごう ⌣ を かいて
したに 1を かく。

9と 1を たした かずの
10を 9の うえに かく。

3から 1とった かずの
2を 3の うえに かく。
10と 2で 12と かく。

つぎの けいさんを しましょう。

① ( ) ( )
　　＋　＝
　⌣
　( )

② ( ) ( )
　　＋　＝
　⌣
　( )

③ ( ) ( )
　　＋　＝
　⌣
　( )

④
　　＋　＝
　⌣
　( )

⑤
　　＋　＝
　⌣
　( )

⑥
　　＋　＝
　⌣
　( )

⑦
　　＋　＝

⑧
　　＋　＝

⑨
　　＋　＝

31

流れ型計算法一覧表（たし算）

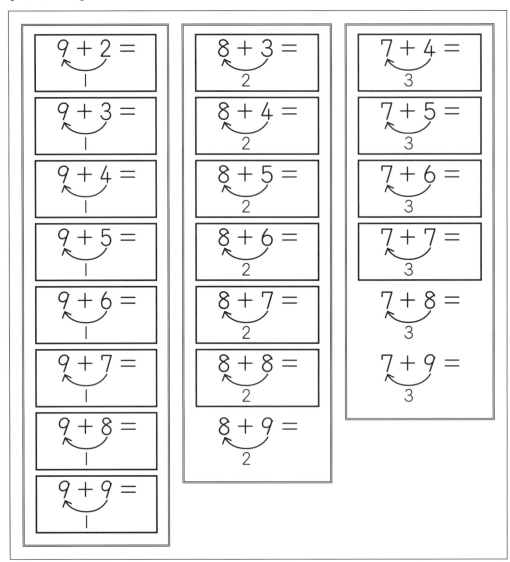

【使用方法】（9＋3の場合）
・10はいくつといくつからできているのかを【10になる組み合わせ早覚え表】を用いて，すぐに答えられる状態にしておきます。
・9を10にするため，3から1をひく（移動）というイメージを◠で起こし，その答えの2と10を合わせると答えが出ることを理解させ，「きゅう　たす　さん　は　じゅういち」と，声に出しながら行います。

$$6 + 5 =$$
4

$$6 + 6 =$$
4

$$6 + 7 =$$
4

$$6 + 8 =$$
4

$$6 + 9 =$$
4

$$5 + 6 =$$
5

$$5 + 7 =$$
5

$$5 + 8 =$$
5

$$5 + 9 =$$
5

$$4 + 7 =$$
6

$$4 + 8 =$$
6

$$4 + 9 =$$
6

$$3 + 8 =$$
7

$$3 + 9 =$$
7

$$2 + 9 =$$
8

ポイント

・ ☐で囲んでいる式だけを用いると，少ない計算方法で多くの計算をカバーすることができます。例えば，「3＋9＝?」は「9＋3＝?」のようにたされる数とたす数を入れ替えて取り組みます。

・ たされる数とたす数を入れ替えて取り組むことにストレスを感じる子どもには，すべての計算に取り組ませます。

【ステップ2】

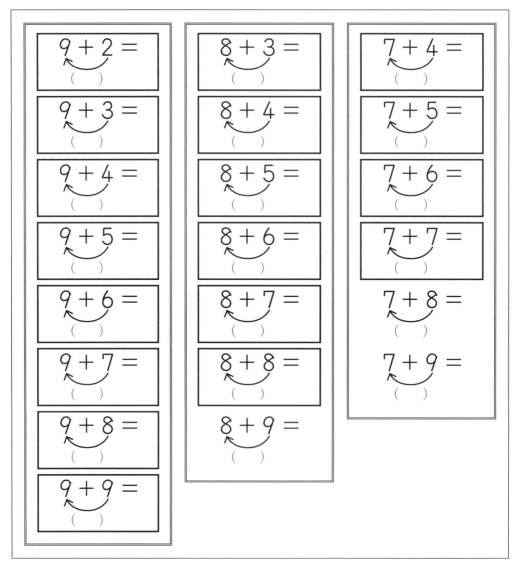

【使用方法】
・使い方は【ステップ1】と同じです。
・いくつをたしたら10になるかを（　）で表しています。（　）にいくつが入るかをイメージしながら取り組みます。

$6 + 5 =$
( )

$6 + 6 =$
( )

$6 + 7 =$
( )

$6 + 8 =$
( )

$6 + 9 =$
( )

$5 + 6 =$
( )

$5 + 7 =$
( )

$5 + 8 =$
( )

$5 + 9 =$
( )

$4 + 7 =$
( )

$4 + 8 =$
( )

$4 + 9 =$
( )

$3 + 8 =$
( )

$3 + 9 =$
( )

$2 + 9 =$
( )

ポイント

・【ステップ1】と同様に，□□で囲んでいる式だけを用いると，少ない計算方法で多くの計算をカバーすることができます。

・たされる数とたす数を入れ替えて取り組むことにストレスを感じる子どもには，すべての計算に取り組ませます。

【ステップ3】

$9 + 2 =$	$8 + 3 =$	$7 + 4 =$
$9 + 3 =$	$8 + 4 =$	$7 + 5 =$
$9 + 4 =$	$8 + 5 =$	$7 + 6 =$
$9 + 5 =$	$8 + 6 =$	$7 + 7 =$
$9 + 6 =$	$8 + 7 =$	$7 + 8 =$
$9 + 7 =$	$8 + 8 =$	$7 + 9 =$
$9 + 8 =$	$8 + 9 =$	
$9 + 9 =$		

$6 + 5 =$	$5 + 6 =$	$4 + 7 =$
$6 + 6 =$	$5 + 7 =$	$4 + 8 =$
$6 + 7 =$	$5 + 8 =$	$4 + 9 =$
$6 + 8 =$	$5 + 9 =$	
$6 + 9 =$		

$3 + 8 =$	$2 + 9 =$
$3 + 9 =$	

【使用方法】

・【ステップ1】や【ステップ2】で学んだことを思い出しながら行います。

・習得が困難な子どもには，太字の計算のみ学習させる方法もあります。（太字以外の計算は，たされる数とたす数を反転させるという方法を用います。次ページ参照。）

●流れ型計算法一覧表の活用方法

〔学習方法の選択〕

A：最も学習量が少なくてすむ方法

〔太字の式のみ学習〕

　この学習は，できる限り少ない計算方法で多くの計算をカバーできることがポイントです。前ページの太字の式は，たされる数がたす数より大きいか，たされる数とたす数が同じものです。たし算は交換の法則が成立します。たされる数がたす数より小さいときは，前後を入れ替えればよいので，その分を省略すれば学習量が少なくてすみます。くり上がりのあるたし算（1桁＋1桁）は，<u>36個</u>あります。太字の式だけなら，<u>20個</u>ですみます。

（例）「3＋9＝?」は，「9＋3＝?」のようにたされる数とたす数を入れ替えて取り
　　　組むように指導します。

〔こんな子にピッタリ〕

・数の分解（「いくつといくつ」）が苦手な子ども

・交換の法則（たされる数とたす数を入れ替える）ができる子ども

B：最も多くの式（36個）を学習

〔くり上がりのある1桁＋1桁のすべての式を学習〕

　分量的には，多く学習しなければならないのですが，その分，選択して覚えるという手間がかかりません。効率はよくありませんが，選択して覚えるというストレスは解消されます。

〔こんな子にピッタリ〕

・数の分解（「いくつといくつ」）が苦手な子ども

・交換の法則（たされる数とたす数を入れ替える）が苦手な子ども

・問題により，解き方が変わることをいやがる子ども

〔共通して実施すべき点〕

　AとBの学習方法に共通する点として，【ステップ1】～【ステップ3】の順番で取り組みます。子どもの実態に応じて，教師が判断し，どちらの学習方法を採用すべきかを決めればよいでしょう。実際に子どもに取り組ませてみたときのその反応から判断してください。

(3) 3段階式学習法一覧表による指導法─たし算

　3段階式学習法とは，「タイル→さくらんぼ図→数式のみ」の3つの段階を経る学習法です。教科書掲載の一般的な指導法を，より視覚的に理解しやすいように工夫しています。

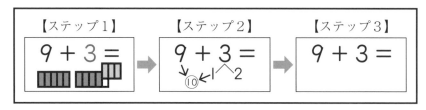

● 3段階式学習法一覧表（くり上がりのあるたし算）の使用方法
・【ステップ1】のカードのタイルを見ながら，数式と答えを「きゅう　たす　さん　は　じゅうに」と声に出します。そのとき，解答が正解かどうか，タイルを見てチェックします。
・【ステップ2】のカードのさくらんぼ図を見ながら，数式と答えを声に出します。
・【ステップ3】の数式だけのカードも同様に，前の2つのカードをイメージしながら数式と答えを声に出します。

　96ページの「たす・ひく」アプリを活用すれば一層定着しやすくなります。

● 3段階式学習法一覧表（くり上がりのあるたし算）

6 + 5 =	6 + 5 =	6 + 5 =
6 + 6 =	6 + 6 =	6 + 6 =
7 + 4 =	7 + 4 =	7 + 4 =
7 + 5 =	7 + 5 =	7 + 5 =
7 + 6 =	7 + 6 =	7 + 6 =
7 + 7 =	7 + 7 =	7 + 7 =
8 + 3 =	8 + 3 =	8 + 3 =

$8 + 4 =$	$8 + 4 =$ $10 \swarrow 2 \wedge 2$	$8 + 4 =$
$8 + 5 =$	$8 + 5 =$ $10 \swarrow 2 \wedge 3$	$8 + 5 =$
$8 + 6 =$	$8 + 6 =$ $10 \swarrow 2 \wedge 4$	$8 + 6 =$
$8 + 7 =$	$8 + 7 =$ $10 \swarrow 2 \wedge 5$	$8 + 7 =$
$8 + 8 =$	$8 + 8 =$ $10 \swarrow 2 \wedge 6$	$8 + 8 =$
$9 + 2 =$	$9 + 2 =$ $10 \swarrow 1 \wedge 1$	$9 + 2 =$
$9 + 3 =$	$9 + 3 =$ $10 \swarrow 1 \wedge 2$	$9 + 3 =$
$9 + 4 =$	$9 + 4 =$ $10 \swarrow 1 \wedge 3$	$9 + 4 =$
$9 + 5 =$	$9 + 5 =$ $10 \swarrow 1 \wedge 4$	$9 + 5 =$
$9 + 6 =$	$9 + 6 =$ $10 \swarrow 1 \wedge 5$	$9 + 6 =$
$9 + 7 =$	$9 + 7 =$ $10 \swarrow 1 \wedge 6$	$9 + 7 =$
$9 + 8 =$	$9 + 8 =$ $10 \swarrow 1 \wedge 7$	$9 + 8 =$
$9 + 9 =$	$9 + 9 =$ $10 \swarrow 1 \wedge 8$	$9 + 9 =$

ワーク くり上がりのあるたし算チェックプリント①

なまえ	

つぎの けいさんを じぶんの やりやすい けいさんの しかたで しましょう。

① $8 + 5 =$

② $6 + 9 =$

③ $4 + 8 =$

④ $8 + 4 =$

⑤ $8 + 7 =$

⑥ $9 + 6 =$

⑦ $4 + 9 =$

⑧ $3 + 8 =$

⑨ $9 + 2 =$

⑩ $8 + 8 =$

ワーク　くり上がりのあるたし算チェックプリント②

なまえ	

つぎの　けいさんを　じぶんの　やりやすい　けいさんの　しかたで　しましょう。

① $7 + 4 =$

② $9 + 7 =$

③ $2 + 9 =$

④ $8 + 7 =$

⑤ $5 + 9 =$

⑥ $3 + 9 =$

⑦ $8 + 3 =$

⑧ $7 + 9 =$

⑨ $3 + 8 =$

⑩ $9 + 9 =$

41

✏ ワーク くり上がりのあるたし算チェックプリント③

なまえ	

つぎの けいさんを じぶんの やりやすい けいさんの しかたで しましょう。

① $2 + 9 =$

② $8 + 8 =$

③ $3 + 9 =$

④ $7 + 9 =$

⑤ $9 + 3 =$

⑥ $4 + 8 =$

⑦ $7 + 5 =$

⑧ $6 + 5 =$

⑨ $9 + 8 =$

⑩ $9 + 2 =$

⑪ $8 + 6 =$

⑫ $9 + 4 =$

⑷**教科書掲載の指導法─ひき算**
①12－9の計算のしかた

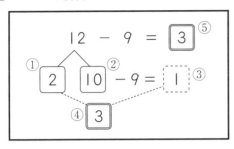

①～⑤の順番で数を書きます。
・2－9はできない。
・12を2と10に分ける。
・10から9をひいて 1
・ 2 と 1 をたして 3

②教科書に掲載しているくり下がりのあるひき算の計算方法のメリットとデメリット

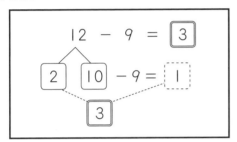

〔メリット〕
・12を2と10に分け，2の後ろに10を書くことにより，10－9が容易に書けます。
〔デメリット〕
・12を分解する際，2を10の前に記載することにより，位取りの観点から，違和感があります。

●**教科書をアレンジした指導方法の場合**
①12－9の計算のしかた

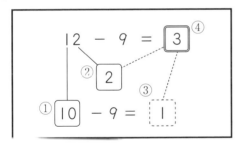

〔アレンジのポイント〕
・①～④の順番で数を書きます。
・12を10と2に分けて，10と2の書く位置を変えました。

②アレンジした計算方法のメリットとデメリット

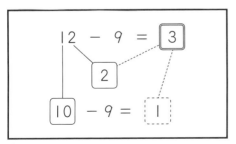

〔メリット〕
・12を10と2に分け，10を1の下の書き，2を2の斜め下に書くことにより，位取りの観点から，違和感がありません。
〔デメリット〕
・教科書に掲載されていないため，子どもが混乱する可能性があります。

くり下がりのあるひき算 1

なまえ

〔12－7の けいさんの しかた〕 ①～⑤の じゅんばんで かずを かきます。

・2－7は できない。
・12を 2と 10に わける。
・10から 7を ひいて 3
・2と 3を たして 5

つぎの ☐や，☐，☐に かずを かきましょう。

① 11 － 5 =
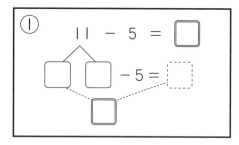

② 14 － 8 =
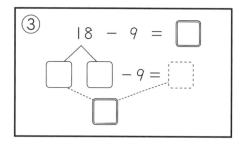

③ 18 － 9 =

④ 13 － 6 =
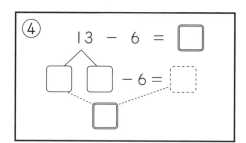

⑤ 15 － 7 =
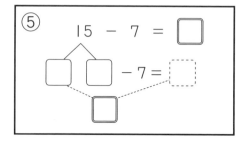

⑥ 12 － 4 =
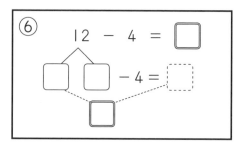

ワーク　くり下がりのあるひき算 2

なまえ

〔12－7の　けいさんの　しかた〕　①～⑤の　じゅんばんで　かずを　かきます。

- 2－7は　できない。
- 12を　2と　10に　わける。
- 10から　7を　ひいて　3
- 2と　3を　たして　5

つぎの □や，□，□に　かずを　かきましょう。

① 16 － 8 =

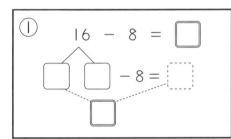

② 13 － 5 =

④ 14 － 7 =

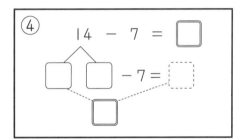

⑤ 11 － 4 =

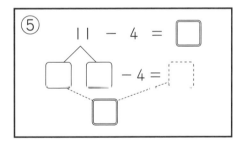

③ 15 － 6 =

⑥ 13 － 9 =

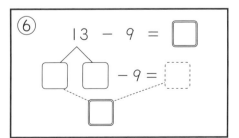

ワーク　くり下がりのあるひき算 ③

なまえ

〔12－7の　いろいろな　けいさんの　しかた〕

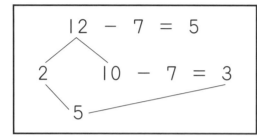
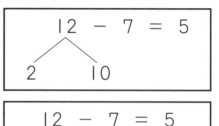

12 － 7 = 5

じぶんの　やりやすい　けいさんの　しかたで　しましょう。

① 11 － 8 =

② 13 － 7 =

③ 15 － 6 =

④ 12 － 5 =

⑤ 18 － 9 =

⑥ 14 － 8 =

くり下がりのあるひき算 4

なまえ

〔12 − 7の いろいろな けいさんの しかた〕

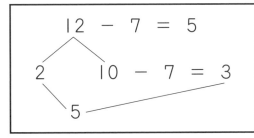
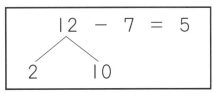

じぶんの やりやすい けいさんの しかたで しましょう。

① 17 − 8 =

④ 15 − 7 =

② 11 − 4 =

⑤ 13 − 5 =

③ 14 − 6 =

⑥ 16 − 9 =

くり下がりのあるひき算（発展）1

なまえ	

〔12－7の けいさんの しかた〕 ①〜④の じゅんばんで かずを かきます。

- 2－7は できない。
- 12を 10と 2に わける。
- 10から 7を ひいて 3
- 2と 3を たして 5

つぎの □や，□，□に かずを かきましょう。

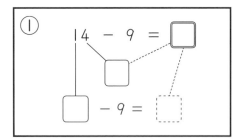

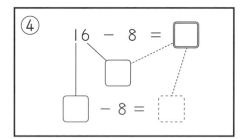

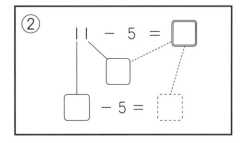

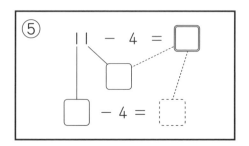

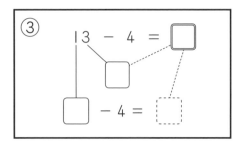

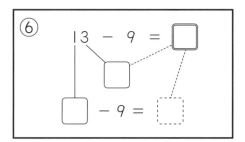

くり下がりのあるひき算（発展）２

なまえ

〔12－7の けいさんの しかた〕 ①〜④の じゅんばんで かずを かきます。

・2－7は できない。
・12を 10と 2に わける。
・10から 7を ひいて 3
・2と 3を たして 5

つぎの □や，□，□に かずを かきましょう。

①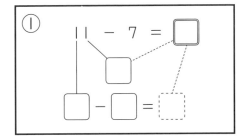

④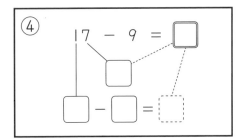

②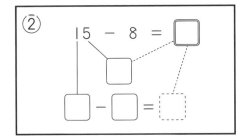

⑤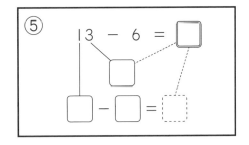

③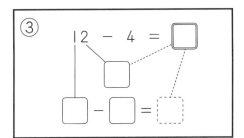

⑥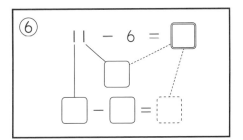

49

ワーク　くり下がりのあるひき算（発展）3

なまえ

〔12－7の いろいろな けいさんの しかた〕

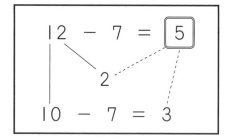 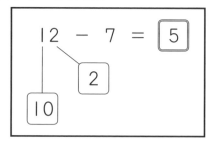

12 － 7 ＝ 5

じぶんの やりやすい けいさんの しかたで しましょう。

① 15－9＝

② 12－3＝

③ 14－6＝

④ 11－9＝

⑤ 12－5＝

⑥ 17－8＝

 **くり下がりのあるひき算（発展）4**

なまえ	

〔12－7の いろいろな けいさんの しかた〕

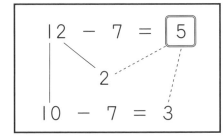 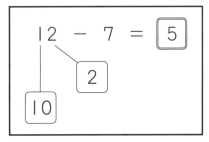

12 － 7 ＝ 5

じぶんの やりやすい けいさんの しかたで しましょう。

① 11 － 4 ＝

④ 16 － 8 ＝

② 15 － 7 ＝

⑤ 18 － 9 ＝

③ 13 － 8 ＝

⑥ 14 － 7 ＝

(5)流れ型計算法による指導法─ひき算

この計算方法は，教科書に掲載しているくり下がりのある計算方法を ⌣↗ や補助数字（矢印の下の1）を用いて，イメージしやすくしたものですです。

流れ型計算法一覧表（59ページ）を用いた指導と，プリントを用いた指導があります。

【パターン1】

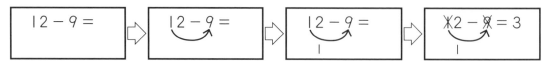

① 2から9をひくことはできません。よって，12の10から9をひきます。その際，10から9をひく（とる）ことを意識させるため，10から9に向けて ⌣↗ を書きます。
② 10－9の答えの1を，ひかれる数の残りの2の下部に書きます。
③ 12の十の位の「1」と「9」に×をつけることにより，12の十の位の「1」と「9」は使用済みであることが意識できます。
④ 2＋1を行い，答えの3を書きます。

【パターン2】（簡略型）

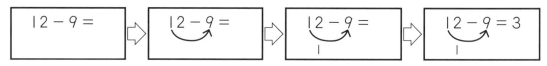

① 4段階のうち，最初の3段階は，【パターン1】と同じです。
② 最後の部分は，十の位の「1」と「9」に×をつけません。
※できる限り，簡略化した方法です。

> **ポイント**
> ・児童の実態に応じて，【パターン1】を用いるか【パターン2】（簡略型）を用いるかを判断しましょう。
> ・10はいくつといくつからできているかを〔10になる組み合わせ早覚え表〕（『数が苦手な子のための計算支援ワーク1　数に慣れる基礎トレーニング編』の41ページに掲載）を用いて，すぐに答えられる状態にしておきます。

ワーク　流れ型くり下がりのある計算法プリント①

なまえ

〔けいさんの　しかた〕

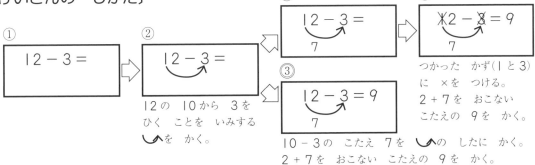

※①→②→③→④，①→②→③の　どちらでも　よいです。
※④の　ように　つかった　かずに　×を　つけても　よいです。

つぎの　けいさんを　しましょう。

① 17 − 9 =
(1)

② 11 − 6 =
(4)

③ 16 − 8 =
(2)

④ 11 − 4 =
(6)

⑤ 15 − 6 =
(4)

⑥ 14 − 9 =
(1)

⑦ 14 − 8 =
(2)

⑧ 15 − 7 =
(3)

⑨ 12 − 9 =
(1)

⑩ 13 − 8 =
(2)

⑪ 12 − 6 =
(4)

⑫ 13 − 5 =
(5)

53

ワーク 流れ型くり下がりのある計算法プリント②

なまえ

〔けいさんの しかた〕

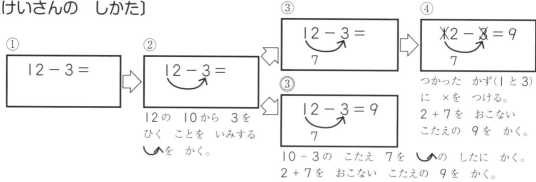

※①→②→③→④，①→②→③の どちらでも よいです。
※④の ように つかった かずに ×を つけても よいです。

つぎの けいさんを しましょう。

① 12 − 5 =
　　(5)

② 15 − 6 =
　　(4)

③ 11 − 3 =
　　(7)

④ 18 − 9 =
　　(1)

⑤ 16 − 7 =
　　(3)

⑥ 13 − 5 =
　　(5)

⑦ 17 − 8 =
　　(2)

⑧ 11 − 7 =
　　(3)

⑨ 15 − 8 =
　　(2)

⑩ 12 − 6 =
　　(4)

⑪ 14 − 7 =
　　(3)

⑫ 11 − 8 =
　　(2)

流れ型くり下がりのある計算法プリント③

なまえ

〔けいさんの しかた〕

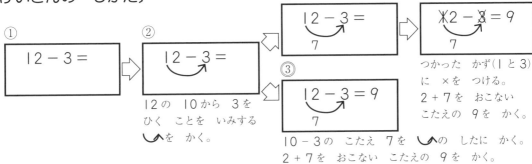

※①→②→③→④, ①→②→③の どちらでも よいです。
※④の ように つかった かずに ×を つけても よいです。

つぎの けいさんを しましょう。

① 16 − 8 =
  ( )

② 12 − 9 =
  ( )

③ 13 − 5 =
  ( )

④ 11 − 4 =
  ( )

⑤ 14 − 8 =
  ( )

⑥ 18 − 9 =
  ( )

⑦ 14 − 9 =
  ( )

⑧ 15 − 7 =
  ( )

⑨ 11 − 6 =
  ( )

⑩ 16 − 7 =
  ( )

⑪ 12 − 4 =
  ( )

⑫ 13 − 8 =
  ( )

流れ型くり下がりのある計算法プリント④

なまえ

〔けいさんの しかた〕

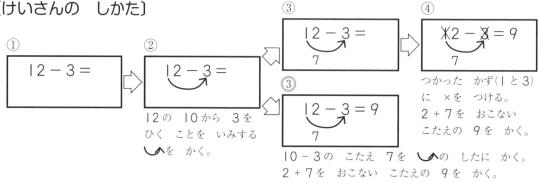

※ ①→②→③→④, ①→②→③の どちらでも よいです。
※ ④の ように つかった かずに ×を つけても よいです。

つぎの けいさんを しましょう。

① 11 − 5 =
( )

② 15 − 8 =
( )

③ 13 − 7 =
( )

④ 14 − 6 =
( )

⑤ 12 − 5 =
( )

⑥ 17 − 9 =
( )

⑦ 11 − 7 =
( )

⑧ 12 − 8 =
( )

⑨ 16 − 9 =
( )

⑩ 11 − 2 =
( )

⑪ 13 − 6 =
( )

⑫ 15 − 9 =
( )

ワーク 流れ型くり下がりのある計算法プリント ⑤

なまえ

〔けいさんの しかた〕

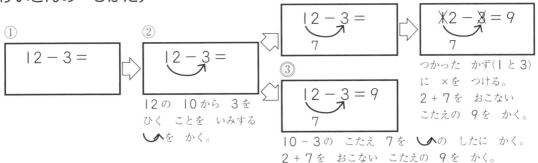

※①→②→③→④，①→②→③の どちらでも よいです。
※④の ように つかった かずに ×を つけても よいです。

つぎの けいさんを しましょう。

① 16 − 8 =

② 17 − 9 =

③ 15 − 7 =

④ 12 − 5 =

⑤ 16 − 9 =

⑥ 11 − 6 =

⑦ 14 − 7 =

⑧ 12 − 4 =

⑨ 13 − 8 =

⑩ 11 − 4 =

⑪ 12 − 6 =

⑫ 15 − 8 =

ワーク 流れ型くり下がりのある計算法プリント ⑥

なまえ

〔けいさんの　しかた〕

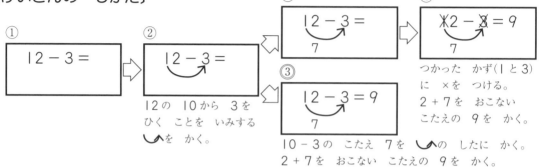

※①→②→③→④，①→②→③の　どちらでも　よいです。
※④の　ように　つかった　かずに　×を　つけても　よいです。

つぎの　けいさんを　しましょう。

① 14 − 6 =

② 13 − 9 =

③ 12 − 6 =

④ 13 − 6 =

⑤ 12 − 7 =

⑥ 11 − 8 =

⑦ 11 − 3 =

⑧ 18 − 9 =

⑨ 11 − 7 =

⑩ 13 − 7 =

⑪ 14 − 8 =

⑫ 15 − 6 =

COLUMN

流れ型計算法一覧表（ひき算）

【ステップ１】

11－2＝ (8)	12－3＝ (7)	13－4＝ (6)
11－3＝ (7)	12－4＝ (6)	13－5＝ (5)
11－4＝ (6)	12－5＝ (5)	13－6＝ (4)
11－5＝ (5)	12－6＝ (4)	13－7＝ (3)
11－6＝ (4)	12－7＝ (3)	13－8＝ (2)
11－7＝ (3)	12－8＝ (2)	13－9＝ (1)
11－8＝ (2)	12－9＝ (1)	
11－9＝ (1)		

【使用方法】（11－２の場合）

・10はいくつといくつからできているのかを〔10になる組み合わせ早覚え表〕を用いて，すぐに答えられる状態にしておきます。

・10から２をひくというイメージをで起こし，その答え８と11から10を使った残りの１をたすことを理解させ，「じゅういち　ひく　に　は　きゅう」と，声に出しながら行います。

14 − 5 = 5	15 − 6 = 4	16 − 7 = 3
14 − 6 = 4	15 − 7 = 3	16 − 8 = 2
14 − 7 = 3	15 − 8 = 2	16 − 9 = 1
14 − 8 = 2	15 − 9 = 1	
14 − 9 = 1		

17 − 8 = 2	18 − 9 = 1
17 − 9 = 1	

【ステップ２】

11 − 2 = ( )	12 − 3 = ( )	13 − 4 = ( )
11 − 3 = ( )	12 − 4 = ( )	13 − 5 = ( )
11 − 4 = ( )	12 − 5 = ( )	13 − 6 = ( )
11 − 5 = ( )	12 − 6 = ( )	13 − 7 = ( )
11 − 6 = ( )	12 − 7 = ( )	13 − 8 = ( )
11 − 7 = ( )	12 − 8 = ( )	13 − 9 = ( )
11 − 8 = ( )	12 − 9 = ( )	
11 − 9 = ( )		

【使用方法】（11−2の場合）

・【ステップ１】では，10から２をひいた答えの８を掲載していましたが，その部分は，
【ステップ２】では，掲載していません。その部分は，〔10になる組み合わせ早覚え
表〕から，さっと「８」と導き，11から10を使った残りの１をたすことを理解させ，
「じゅういち　ひく　に　は　きゅう」と，声に出しながら行います。

$14 - 5 =$
( )

$14 - 6 =$
( )

$14 - 7 =$
( )

$14 - 8 =$
( )

$14 - 9 =$
( )

$15 - 6 =$
( )

$15 - 7 =$
( )

$15 - 8 =$
( )

$15 - 9 =$
( )

$16 - 7 =$
( )

$16 - 8 =$
( )

$16 - 9 =$
( )

$17 - 8 =$
( )

$17 - 9 =$
( )

$18 - 9 =$
( )

【ステップ3】

$11 - 2 =$	$12 - 3 =$	$13 - 4 =$
$11 - 3 =$	$12 - 4 =$	$13 - 5 =$
$11 - 4 =$	$12 - 5 =$	$13 - 6 =$
$11 - 5 =$	$12 - 6 =$	$13 - 7 =$
$11 - 6 =$	$12 - 7 =$	$13 - 8 =$
$11 - 7 =$	$12 - 8 =$	$13 - 9 =$
$11 - 8 =$	$12 - 9 =$	
$11 - 9 =$		

$14 - 5 =$	$15 - 6 =$	$16 - 7 =$
$14 - 6 =$	$15 - 7 =$	$16 - 8 =$
$14 - 7 =$	$15 - 8 =$	$16 - 9 =$
$14 - 8 =$	$15 - 9 =$	
$14 - 9 =$		

$17 - 8 =$	$18 - 9 =$
$17 - 9 =$	

【使用方法】

・【ステップ1】や【ステップ2】で学んだことを思い出しながら，「じゅういち　ひく　に　は　きゅう」，「じゅういち　ひく　さん　は　はち」……と，個々の実態に合わせて，テンポよく，声に出しながら行います。

⑹ 3段階式学習法一覧表による指導法―ひき算

3段階式学習法とは,「タイル→さくらんぼ図→数式のみ」の3つの段階を経る学習法です。

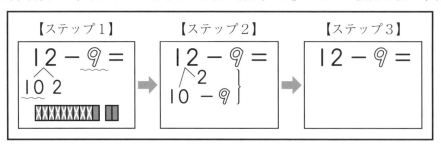

　教科書では,12-9の計算方法は,右のように,12を2と10に分けて,表しています。

　計算をする上では,合理的ではありますが,位取りの視点から考えれば,若干違和感を感じることがあります。

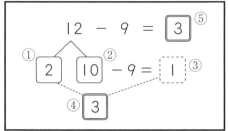

　そこで,12を2と10に分ける際,分配記号の左側に10,右側に2を表すことにより,違和感が軽減できます。

●3段階式学習法一覧表（くり下がりのあるひき算）の使用方法

（例）11-2の計算をするときは,

・【ステップ1】→【ステップ2】→【ステップ3】の順番で,数式と答えを「じゅういち　ひく　に　は　きゅう」と,それぞれ言います。
・【ステップ1】では,タイルと分配記号を見ながら,数式と答えを言います。
・【ステップ2】では,分配記号を見ながら,行います。
・【ステップ3】では,【ステップ1】と【ステップ2】を思い出しながら,行います。

　そうすることで,目と耳から情報が入り,計算ができるようになります。

● 3段階式学習一覧表（くり下がりのあるひき算）

$11 - 2 =$	$11 - 2 =$	$11 - 2 =$
$10 - 2$		
$11 - 3 =$	$11 - 3 =$	$11 - 3 =$
$10 - 3$		
$11 - 4 =$	$11 - 4 =$	$11 - 4 =$
$10 - 4$		
$11 - 5 =$	$11 - 5 =$	$11 - 5 =$
$10 - 5$		
$11 - 6 =$	$11 - 6 =$	$11 - 6 =$
$10 - 6$		
$11 - 7 =$	$11 - 7 =$	$11 - 7 =$
$10 - 7$		
$11 - 8 =$	$11 - 8 =$	$11 - 8 =$
$10 - 8$		
$11 - 9 =$	$11 - 9 =$	$11 - 9 =$
$10 - 9$		

$12 - 3 =$	$12 - 3 =$	$12 - 3 =$
$12 - 4 =$	$12 - 4 =$	$12 - 4 =$
$12 - 5 =$	$12 - 5 =$	$12 - 5 =$
$12 - 6 =$	$12 - 6 =$	$12 - 6 =$
$12 - 7 =$	$12 - 7 =$	$12 - 7 =$
$12 - 8 =$	$12 - 8 =$	$12 - 8 =$
$12 - 9 =$	$12 - 9 =$	$12 - 9 =$
$13 - 4 =$	$13 - 4 =$	$13 - 4 =$
$13 - 5 =$	$13 - 5 =$	$13 - 5 =$

$13 - 6 =$	$13 - 6 =$	$13 - 6 =$
$13 - 7 =$	$13 - 7 =$	$13 - 7 =$
$13 - 8 =$	$13 - 8 =$	$13 - 8 =$
$13 - 9 =$	$13 - 9 =$	$13 - 9 =$
$14 - 5 =$	$14 - 5 =$	$14 - 5 =$
$14 - 6 =$	$14 - 6 =$	$14 - 6 =$
$14 - 7 =$	$14 - 7 =$	$14 - 7 =$
$14 - 8 =$	$14 - 8 =$	$14 - 8 =$
$14 - 9 =$	$14 - 9 =$	$14 - 9 =$

$15 - 6 =$	$15 - 6 =$	$15 - 6 =$
$15 - 7 =$	$15 - 7 =$	$15 - 7 =$
$15 - 8 =$	$15 - 8 =$	$15 - 8 =$
$15 - 9 =$	$15 - 9 =$	$15 - 9 =$
$16 - 7 =$	$16 - 7 =$	$16 - 7 =$
$16 - 8 =$	$16 - 8 =$	$16 - 8 =$
$16 - 9 =$	$16 - 9 =$	$16 - 9 =$
$17 - 8 =$	$17 - 8 =$	$17 - 8 =$
$17 - 9 =$	$17 - 9 =$	$17 - 9 =$
$18 - 9 =$	$18 - 9 =$	$18 - 9 =$

✏ ワーク　くり下がりのあるひき算チェックプリント1

なまえ	

つぎの　けいさんを　しましょう。

① $17 - 9 =$

② $11 - 6 =$

③ $16 - 8 =$

④ $11 - 4 =$

⑤ $15 - 6 =$

⑥ $14 - 9 =$

⑦ $15 - 9 =$

⑧ $14 - 6 =$

⑨ $13 - 9 =$

⑩ $12 - 3 =$

⑪ $13 - 6 =$

⑫ $12 - 7 =$

⑬ $11 - 8 =$

⑭ $16 - 7 =$

⑮ $11 - 5 =$

⑯ $17 - 8 =$

⑰ $11 - 9 =$

⑱ $15 - 8 =$

⑲ $14 - 7 =$

⑳ $15 - 7 =$

㉑ $12 - 9 =$

㉒ $13 - 8 =$

㉓ $12 - 6 =$

㉔ $13 - 5 =$

㉕ $16 - 9 =$

㉖ $11 - 3 =$

㉗ $18 - 9 =$

㉘ $11 - 7 =$

㉙ $13 - 7 =$

㉚ $14 - 8 =$

㉛ $12 - 4 =$

㉜ $11 - 2 =$

㉝ $14 - 5 =$

㉞ $12 - 8 =$

㉟ $13 - 4 =$

㊱ $12 - 5 =$

ワーク くり下がりのあるひき算チェックプリント ②

なまえ	

つぎの けいさんを しましょう。

① $12 - 6 =$

② $15 - 9 =$

③ $13 - 7 =$

④ $11 - 3 =$

⑤ $16 - 7 =$

⑥ $18 - 9 =$

⑦ $11 - 6 =$

⑧ $17 - 8 =$

⑨ $13 - 9 =$

⑩ $15 - 6 =$

⑪ $14 - 5 =$

⑫ $12 - 9 =$

⑬ $11 - 5 =$

⑭ $12 - 4 =$

⑮ $11 - 2 =$

⑯ $14 - 6 =$

⑰ $12 - 8 =$

⑱ $16 - 9 =$

⑲ $13 - 4 =$

⑳ $14 - 8 =$

㉑ $12 - 7 =$

㉒ $13 - 8 =$

㉓ $17 - 9 =$

㉔ $13 - 5 =$

㉕ $15 - 8 =$

㉖ $11 - 4 =$

㉗ $14 - 9 =$

㉘ $12 - 5 =$

㉙ $16 - 8 =$

㉚ $15 - 7 =$

㉛ $12 - 3 =$

㉜ $11 - 8 =$

㉝ $13 - 6 =$

㉞ $11 - 9 =$

㉟ $14 - 7 =$

㊱ $11 - 7 =$

第3章

20〜99までの数にチャレンジ

●かずの　よびかた

【タイルで　かんがえよう】

十のたばの　へや	ばらの　へや
十のくらい	一のくらい
3	2

【おかねで　かんがえよう】

10えんの　へや	1えんの　へや
十のくらい	一のくらい
3	2

10が　3こと　ばらが　2こで　32と　かき,「さんじゅうに」と　よみます。

〔もんだい〕

32は, 十のくらいの　すうじが　(　　　　), 一のくらいの　すうじが　(　　　　)です。

【タイルで　かんがえよう】

十のたばの　へや	ばらの　へや
十のくらい	一のくらい
2	0

【おかねで　かんがえよう】

10えんの　へや	1えんの　へや
十のくらい	一のくらい
2	0

10が　2こと　ばらが　0こで　20と　かき,「にじゅう」と　よみます。

〔もんだい〕

20は, 十のくらいの　すうじが　(　　　　), 一のくらいの　すうじが　(　　　　)です。

ワーク 20〜99までのかず（タイルつき）1

なまえ

つぎの かずを かきましょう。

〔れい〕

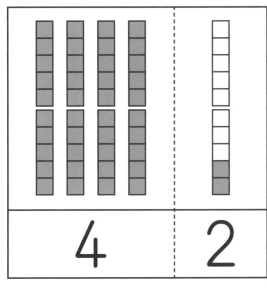

①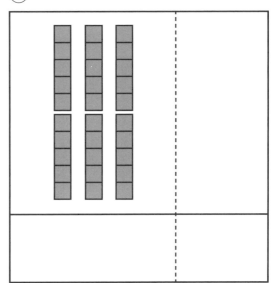

②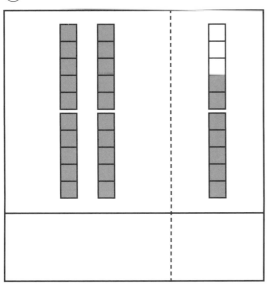

③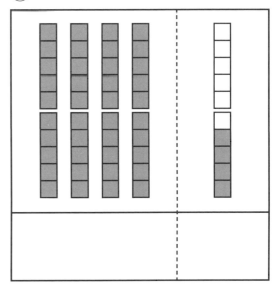

ワーク 20〜99までのかず（タイルつき）2

なまえ

つぎの かずを かきましょう。

[れい]

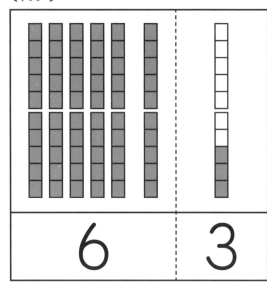

①

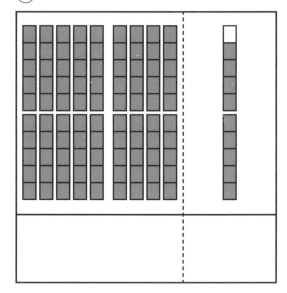

②

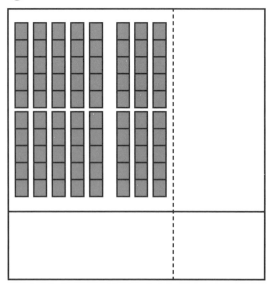

③

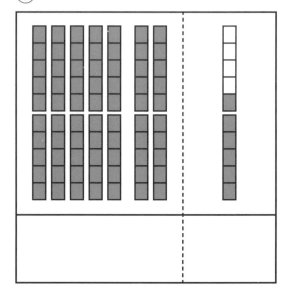

ワーク 20〜99までのかず（お金つき） 1

なまえ

つぎの かずを かきましょう。

ワーク 20〜99までのかず（お金つき）2

なまえ

つぎの かずを かきましょう。

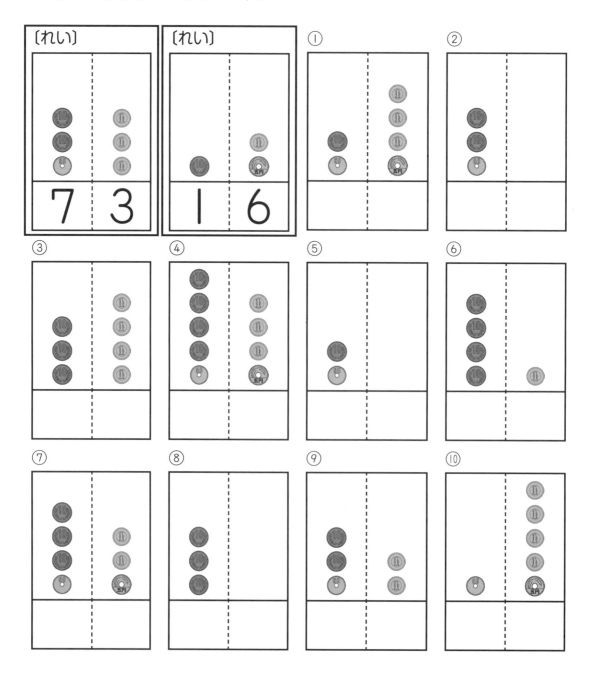

ワーク　20〜99までのかず（お金つき）③（指導者用プリント作成枠）

なまえ	

つぎの　かずを　かきましょう。

〔れい〕　7 2

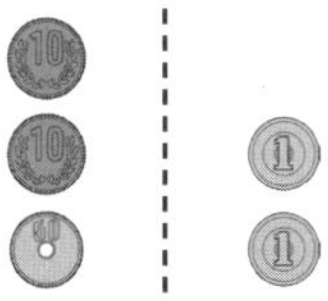

〔れい〕　9 0

①

②

③

④

⑤

⑥

⑦

⑧

⑨

⑩

77

ワーク　99までのかずチェックプリント①

なまえ	

つぎの　もんだいを　しましょう。

〔れい〕

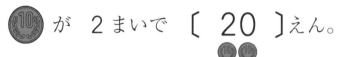
　　が　2まいで　〔 20 〕えん。

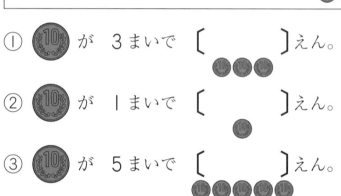

① 　が　3まいで　〔　　　〕えん。

② 　が　1まいで　〔　　　〕えん。

③ 　が　5まいで　〔　　　〕えん。

④ 　が　9まいで　〔　　　〕えん。

⑤ 　が　4まいで　〔　　　〕えん。

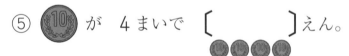

⑥ 　が　6まいで　〔　　　〕えん。

⑦ 　が　8まいで　〔　　　〕えん。

⑧ 　が　7まいで　〔　　　〕えん。

ワーク 99までのかずチェックプリント②

なまえ

つぎの もんだいを しましょう。

〔れい〕

🔟 が 2まいで 〔 20 〕えん。

① 🔟 が 5まいで 〔   〕えん。
② 🔟 が 2まいで 〔   〕えん。
③ 🔟 が 8まいで 〔   〕えん。
④ 🔟 が 7まいで 〔   〕えん。

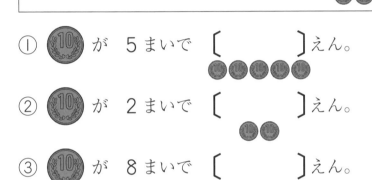

⑤ 🔟 が 1まいで 〔   〕えん。

⑥ 🔟 が 3まいで 〔   〕えん。

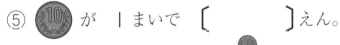

⑦ 🔟 が 4まいで 〔   〕えん。

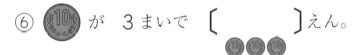

⑧ 🔟 が 9まいで 〔   〕えん。

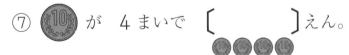

⑨ 🔟 が 6まいで 〔   〕えん。

✏ **ワーク** **99までのかずチェックプリント③**

なまえ	

つぎの　もんだいを　しましょう。

〔れい〕

⑩が　4まいで　〔　40　〕えん。

① ⑩が　6まいで　〔　　　　〕えん。

② ⑩が　5まいで　〔　　　　〕えん。

③ ⑩が　9まいで　〔　　　　〕えん。

④ ⑩が　4まいで　〔　　　　〕えん。

⑤ ⑩が　1まいで　〔　　　　〕えん。

⑥ ⑩が　8まいで　〔　　　　〕えん。

⑦ ⑩が　2まいで　〔　　　　〕えん。

⑧ ⑩が　7まいで　〔　　　　〕えん。

⑨ ⑩が　3まいで　〔　　　　〕えん。

ワーク　99までのかずチェックプリント ４

なまえ

つぎの　もんだいを　しましょう。

〔れい〕
 が　4まいで　〔 40 〕えん。

① が　2まいで　〔　　　〕えん。

② が　5まいで　〔　　　〕えん。

③ が　9まいで　〔　　　〕えん。

④ が　1まいで　〔　　　〕えん。

⑤ が　6まいで　〔　　　〕えん。

⑥ が　8まいで　〔　　　〕えん。

⑦ が　3まいで　〔　　　〕えん。

⑧ が　7まいで　〔　　　〕えん。

⑨ が　4まいで　〔　　　〕えん。

ワーク 99までのかず チェックプリント ⑤

なまえ

つぎの もんだいを しましょう。

〔れい〕

が 2まい, ① が 3まいで 〔 23 〕えん。

① 10 が 3まい, ① が 2まいで 〔   〕えん。
② 10 が 1まい, ① が 4まいで 〔   〕えん。
③ 10 が 5まい, ① が 1まいで 〔   〕えん。
④ 10 が 4まい, ① が 3まいで 〔   〕えん。
⑤ 10 が 6まい, ① が 1まいで 〔   〕えん。
⑥ 10 が 2まい, ① が 2まいで 〔   〕えん。
⑦ 10 が 5まい, ① が 4まいで 〔   〕えん。
⑧ 10 が 7まい, ① が 3まいで 〔   〕えん。

ワーク 99までのかずチェックプリント 6

なまえ

つぎの もんだいを しましょう。

〔れい〕
 が 2まい, が 3まいで 〔 23 〕えん。

① 10 が 4まい, ① が 1まいで 〔　　〕えん。

② 10 が 3まい, ① が 3まいで 〔　　〕えん。

③ 10 が 7まい, ① が 2まいで 〔　　〕えん。

④ 10 が 1まい, ① が 4まいで 〔　　〕えん。

⑤ 10 が 5まい, ① が 2まいで 〔　　〕えん。

⑥ 10 が 2まい, ① が 5まいで 〔　　〕えん。

⑦ 10 が 4まい, ① が 3まいで 〔　　〕えん。

⑧ 10 が 6まい, ① が 2まいで 〔　　〕えん。

ワーク 99までのかずチェックプリント7

なまえ

つぎの　もんだいを　しましょう。

[れい]
が　2まい，①が　3まいで　〔 23 〕えん。

① 10が　5まい，①が　3まいで　〔　　　〕えん。

② 10が　2まいで　〔　　　〕えん。

③ 10が　7まい，①が　8まいで　〔　　　〕えん。

④ 10が　8まいで　〔　　　〕えん。

⑤ 10が　3まい，①が　5まいで　〔　　　〕えん。

⑥ 10が　4まいで　〔　　　〕えん。

⑦ 10が　9まい，①が　2まいで　〔　　　〕えん。

⑧ 10が　1まいで　〔　　　〕えん。

⑨ 10が　6まい，①が　9まいで　〔　　　〕えん。

ワーク 99までのかずチェックプリント 8

なまえ

つぎの もんだいを しましょう。

[れい]
 が 2まい, が 3まいで 〔 23 〕えん。

① 🔟 が 7まい, ① が 9まいで 〔　　　〕えん。

② 🔟 が 3まいで 〔　　　〕えん。

③ が 2まい, ① が 4まいで 〔　　　〕えん。

④ 🔟 が 6まいで 〔　　　〕えん。

⑤ 🔟 が 9まい, ① が 8まいで 〔　　　〕えん。

⑥ 🔟 が 8まいで 〔　　　〕えん。

⑦ 🔟 が 4まい, ① が 3まいで 〔　　　〕えん。

⑧ 🔟 が 5まいで 〔　　　〕えん。

⑨ 🔟 が 1まい, ① が 7まいで 〔　　　〕えん。

✎ ワーク 99までのかずチェックプリント⑨

なまえ	

つぎの もんだいを しましょう。

① 10えんが 4まい, 1えんが 6まいで 〔　　　　〕えん。

② 10えんが 7まいで 〔　　　　〕えん。

③ 10えんが 2まい, 1えんが 3まいで 〔　　　　〕えん。

④ 10えんが 8まいで 〔　　　　〕えん。

⑤ 10えんが 5まい, 1えんが 1まいで 〔　　　　〕えん。

⑥ 10えんが 1まいで 〔　　　　〕えん。

⑦ 10えんが 3まい, 1えんが 7まいで 〔　　　　〕えん。

⑧ 10えんが 3まいで 〔　　　　〕えん。

⑨ 10えんが 6まい, 1えんが 4まいで 〔　　　　〕えん。

⑩ 10えんが 9まいで 〔　　　　〕えん。

✏ ワーク 99までのかずチェックプリント⑩

なまえ	

つぎの　もんだいを　しましょう。

① 10えんが　3まい，1えんが　9まいで　〔　　　　　〕えん。

② 10えんが　5まいで　〔　　　　　〕えん。

③ 10えんが　9まい，1えんが　2まいで　〔　　　　　〕えん。

④ 10えんが　6まいで　〔　　　　　〕えん。

⑤ 10えんが　2まい，1えんが　6まいで　〔　　　　　〕えん。

⑥ 10えんが　7まいで　〔　　　　　〕えん。

⑦ 10えんが　5まい，1えんが　8まいで　〔　　　　　〕えん。

⑧ 10えんが　1まいで　〔　　　　　〕えん。

⑨ 10えんが　4まい，1えんが　5まいで　〔　　　　　〕えん。

⑩ 10えんが　8まいで　〔　　　　　〕えん。

✏️ **ワーク** **99までのかずチェックプリント⑪**

なまえ	

つぎの もんだいを しましょう。

〔れい〕
30 えんは, 10 えんが 〔 3 〕まいです。

① 40 えんは, 10 えんが 〔　　　　〕まいです。

② 20 えんは, 10 えんが 〔　　　　〕まいです。

③ 50 えんは, 10 えんが 〔　　　　〕まいです。

④ 80 えんは, 10 えんが 〔　　　　〕まいです。

⑤ 60 えんは, 10 えんが 〔　　　　〕まいです。

⑥ 30 えんは, 10 えんが 〔　　　　〕まいです。

⑦ 70 えんは, 10 えんが 〔　　　　〕まいです。

⑧ 10 えんは, 10 えんが 〔　　　　〕まいです。

⑨ 90 えんは, 10 えんが 〔　　　　〕まいです。

ワーク 99までのかずチェックプリント⑫

なまえ	

つぎの もんだいを しましょう。

[れい]

30 えんは, 10 えんが 〔 **3** 〕まいです。

① 80 えんは, 10 えんが 〔　　　〕まいです。

② 10 えんは, 10 えんが 〔　　　〕まいです。

③ 40 えんは, 10 えんが 〔　　　〕まいです。

④ 70 えんは, 10 えんが 〔　　　〕まいです。

⑤ 50 えんは, 10 えんが 〔　　　〕まいです。

⑥ 20 えんは, 10 えんが 〔　　　〕まいです。

⑦ 60 えんは, 10 えんが 〔　　　〕まいです。

⑧ 90 えんは, 10 えんが 〔　　　〕まいです。

⑨ 30 えんは, 10 えんが 〔　　　〕まいです。

✎ **ワーク** **99までのかずチェックプリント⑬**

なまえ	

つぎの　もんだいを　しましょう。

〔れい〕
32 えんは, 10 えんが　〔　3　〕まい, 1 えんが　〔　2　〕まいです。

① 23 えんは, 10 えんが　〔　　　〕まい, 1 えんが　〔　　　〕まいです。

② 41 えんは, 10 えんが　〔　　　〕まい, 1 えんが　〔　　　〕まいです。

③ 12 えんは, 10 えんが　〔　　　〕まい, 1 えんが　〔　　　〕まいです。

④ 34 えんは, 10 えんが　〔　　　〕まい, 1 えんが　〔　　　〕まいです。

⑤ 52 えんは, 10 えんが　〔　　　〕まい, 1 えんが　〔　　　〕まいです。

⑥ 24 えんは, 10 えんが　〔　　　〕まい, 1 えんが　〔　　　〕まいです。

⑦ 61 えんは, 10 えんが　〔　　　〕まい, 1 えんが　〔　　　〕まいです。

⑧ 45 えんは, 10 えんが　〔　　　〕まい, 1 えんが　〔　　　〕まいです。

⑨ 13 えんは, 10 えんが　〔　　　〕まい, 1 えんが　〔　　　〕まいです。

✏️ **ワーク** **99までのかずチェックプリント⑭**

なまえ	

つぎの もんだいを しましょう。

〔れい〕
32 えんは, 10 えんが 〔 **3** 〕まい, 1 えんが 〔 **2** 〕まいです。

① 12 えんは, 10 えんが 〔　　〕まい, 1 えんが 〔　　〕まいです。

② 31 えんは, 10 えんが 〔　　〕まい, 1 えんが 〔　　〕まいです。

③ 23 えんは, 10 えんが 〔　　〕まい, 1 えんが 〔　　〕まいです。

④ 45 えんは, 10 えんが 〔　　〕まい, 1 えんが 〔　　〕まいです。

⑤ 52 えんは, 10 えんが 〔　　〕まい, 1 えんが 〔　　〕まいです。

⑥ 15 えんは, 10 えんが 〔　　〕まい, 1 えんが 〔　　〕まいです。

⑦ 63 えんは, 10 えんが 〔　　〕まい, 1 えんが 〔　　〕まいです。

⑧ 42 えんは, 10 えんが 〔　　〕まい, 1 えんが 〔　　〕まいです。

⑨ 21 えんは, 10 えんが 〔　　〕まい, 1 えんが 〔　　〕まいです。

✏️ **ワーク** **99までのかずチェックプリント15**

なまえ	

つぎの もんだいを しましょう。

〔れい①〕
42 えんは, 10 えんが 〔 **4** 〕まい, 1 えんが 〔 **2** 〕まいです。

〔れい②〕
30 えんは, 10 えんが 〔 **3** 〕まいです。

① 58 えんは, 10 えんが 〔　　　〕まい, 1 えんが 〔　　　〕まいです。

② 97 えんは, 10 えんが 〔　　　〕まい, 1 えんが 〔　　　〕まいです。

③ 31 えんは, 10 えんが 〔　　　〕まい, 1 えんが 〔　　　〕まいです。

④ 60 えんは, 10 えんが 〔　　　〕まいです。

⑤ 20 えんは, 10 えんが 〔　　　〕まいです。

⑥ 80 えんは, 10 えんが 〔　　　〕まいです。

⑦ 46 えんは, 10 えんが 〔　　　〕まい, 1 えんが 〔　　　〕まいです。

⑧ 70 えんは, 10 えんが 〔　　　〕まいです。

✏️ **ワーク** 　**99までのかずチェックプリント⑯**

なまえ	

つぎの　もんだいを　しましょう。

〔れい①〕
42 えんは、10 えんが 〔 **4** 〕まい、1 えんが 〔 **2** 〕まいです。

〔れい②〕
30 えんは、10 えんが 〔 **3** 〕まいです。

① 45 えんは、10 えんが 〔　　　〕まい、1 えんが 〔　　　〕まいです。

② 38 えんは、10 えんが 〔　　　〕まい、1 えんが 〔　　　〕まいです。

③ 62 えんは、10 えんが 〔　　　〕まい、1 えんが 〔　　　〕まいです。

④ 90 えんは、10 えんが 〔　　　〕まいです。

⑤ 70 えんは、10 えんが 〔　　　〕まいです。

⑥ 80 えんは、10 えんが 〔　　　〕まいです。

⑦ 24 えんは、10 えんが 〔　　　〕まい、1 えんが 〔　　　〕まいです。

⑧ 10 えんは、10 えんが 〔　　　〕まいです。

✏️ **ワーク** **99までのかずチェックプリント⑰**

なまえ	

つぎの もんだいを しましょう。

〔れい〕

十のくらいが 7で,
一のくらいが 3の かずは
〔73〕です。

【ヒント】

十のくらい	一のくらい
7	3

① 十のくらいが 7で, 一のくらいが 2の かずは 〔　　〕です。

② 十のくらいが 4で, 一のくらいが 9の かずは 〔　　〕です。

③ 十のくらいが 8で, 一のくらいが 6の かずは 〔　　〕です。

④ 十のくらいが 1で, 一のくらいが 5の かずは 〔　　〕です。

⑤ 十のくらいが 9で, 一のくらいが 3の かずは 〔　　〕です。

⑥ 十のくらいが 5で, 一のくらいが 7の かずは 〔　　〕です。

⑦ 十のくらいが 6で, 一のくらいが 1の かずは 〔　　〕です。

⑧ 十のくらいが 2で, 一のくらいが 8の かずは 〔　　〕です。

ワーク 99までのかずチェックプリント⑱

なまえ	

つぎの　もんだいを　しましょう。

〔れい〕

十のくらいが　7で,

一のくらいが　3の　かずは

〔73〕です。

【ヒント】

十のくらい	一のくらい
7	3

① 十のくらいが　3で, 一のくらいが　5の　かずは 〔　　〕です。

② 十のくらいが　5で, 一のくらいが　3の　かずは 〔　　〕です。

③ 十のくらいが　9で, 一のくらいが　8の　かずは 〔　　〕です。

④ 十のくらいが　2で, 一のくらいが　4の　かずは 〔　　〕です。

⑤ 十のくらいが　4で, 一のくらいが　7の　かずは 〔　　〕です。

⑥ 十のくらいが　6で, 一のくらいが　1の　かずは 〔　　〕です。

⑦ 十のくらいが　1で, 一のくらいが　6の　かずは 〔　　〕です。

⑧ 十のくらいが　7で, 一のくらいが　2の　かずは 〔　　〕です。

「たす・ひく」アプリ

　「たす・ひく」アプリを「App Store」や「Google Play」からダウンロードしてください。（iOS や Android の端末（携帯・タブレット）には対応。Windows の端末には非対応です。）

【特徴】
・楽しく，指を使わなくても，物の数を一瞬で認識することができるようになります。
・「単語カード学習」と「計算ゲーム学習」の2本立てで学習ができます。

【「計算ゲーム学習」の流れ】

① 「STEP 1 GAME」（タイル）のスピード「ゆっくり」を選択して，行います。「ゆっくり」を選択し，3位（銅）になれば，一瞬で数を認識する力が身についたと評価できます。また，上位を目指したり，「ふつう」や「はやい」などのレベルにチャレンジすることで，さらなる能力向上を図ることができます。

② スピード「ゆっくり」で所定の力がついたとみなすには，100秒間に22問正答しなければなりません。このゲームがチェックテストの役目も果たしますので，見届けが可能です。

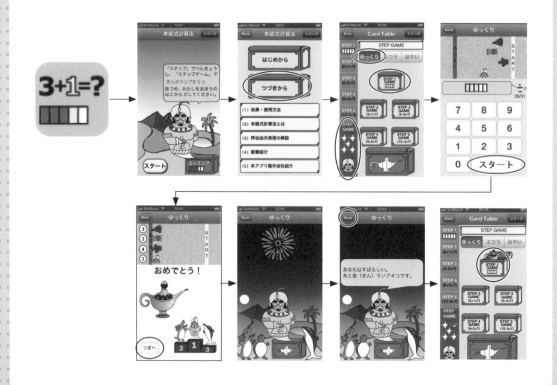

解 答

第2章 くり上がり・くり下がりのあるたし算・ひき算にチャレンジ

【P.16】

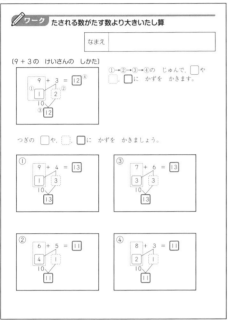

【P.18】

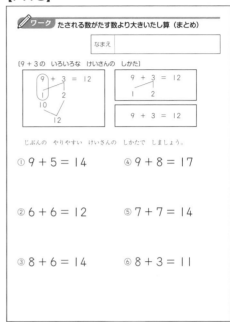

【P.20】

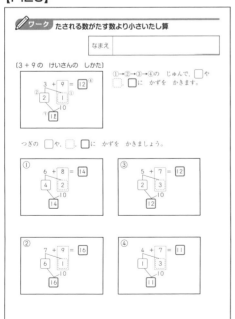

【P.22】

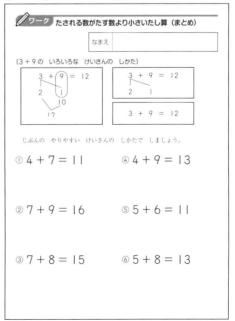

【P.25】

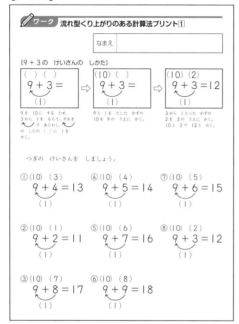

【P.26】

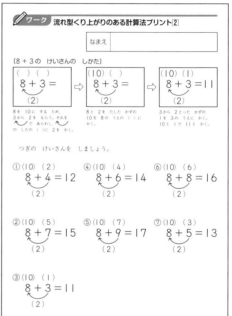

【P.27】

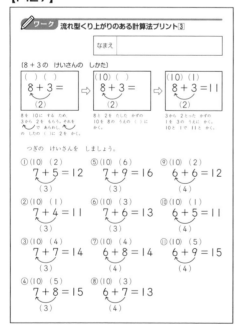

【P.28】

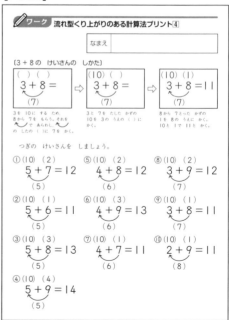

【P.29】

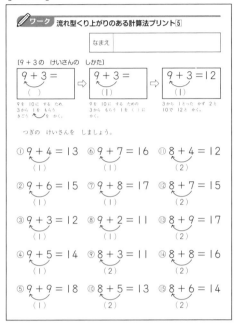

【P.30】

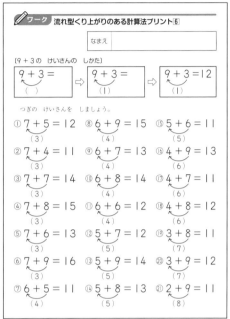

【P.40】

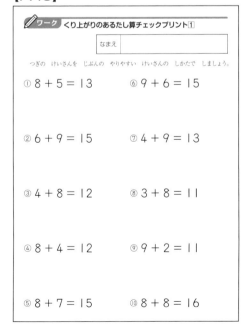

【P.41】

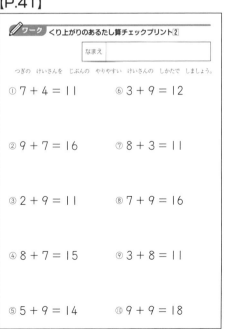

【P.42】

ワーク くり上がりのあるたし算チェックプリント ③

なまえ

つぎの けいさんを じぶんの やりやすい けいさんの しかたで しましょう。

① 2 + 9 = 11　　⑦ 7 + 5 = 12

② 8 + 8 = 16　　⑧ 6 + 5 = 11

③ 3 + 9 = 12　　⑨ 9 + 8 = 17

④ 7 + 9 = 16　　⑩ 9 + 2 = 11

⑤ 9 + 3 = 12　　⑪ 8 + 6 = 14

⑥ 4 + 8 = 12　　⑫ 9 + 4 = 13

【P.44】

ワーク くり下がりのあるひき算 ①

なまえ

〔12 − 7 の けいさんの しかた〕 ①〜⑤の じゅんばんで かずを かきます。

・2 − 7 は できない。
・12 を 2 と 10 に わける。
・10 から 7 を ひいて 3
・2 と 3 を たして 5

つぎの □ や、□、□ に かずを かきましょう。

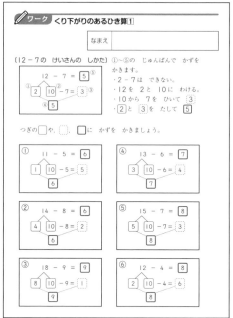

【P.45】

ワーク くり下がりのあるひき算 ②

なまえ

〔12 − 7 の けいさんの しかた〕 ①〜⑤の じゅんばんで かずを かきます。

・2 − 7 は できない。
・12 を 2 と 10 に わける。
・10 から 7 を ひいて 3
・2 と 3 を たして 5

つぎの □ や、□、□ に かずを かきましょう。

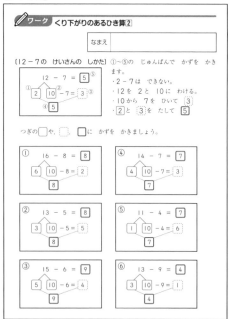

【P.46】

ワーク くり下がりのあるひき算 ③

なまえ

〔12 − 7 の いろいろな けいさんの しかた〕

じぶんの やりやすい けいさんの しかたで しましょう。

① 11 − 8 = 3　　④ 12 − 5 = 7

② 13 − 7 = 6　　⑤ 18 − 9 = 9

③ 15 − 6 = 9　　⑥ 14 − 8 = 6

【P.47】

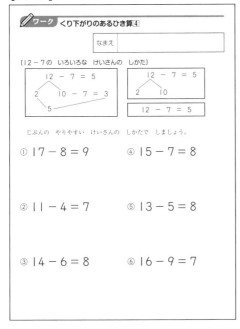

【P.48】

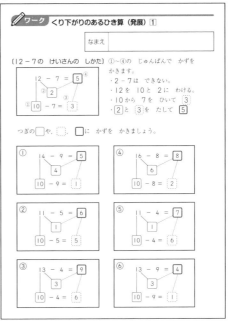

【P.49】

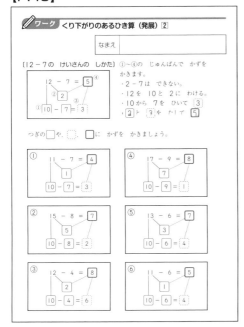

【P.50】

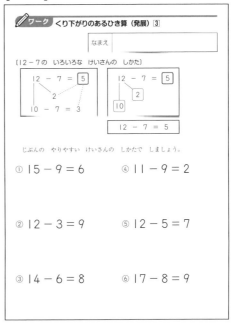

【P.51】

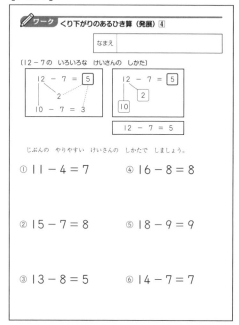

【P.53】

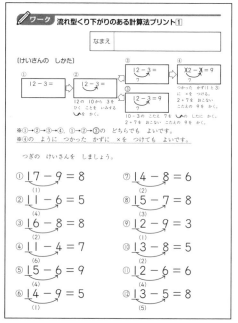

【P.54】

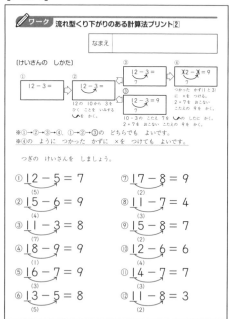

【P.55】

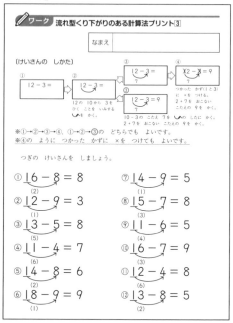

【P.56】

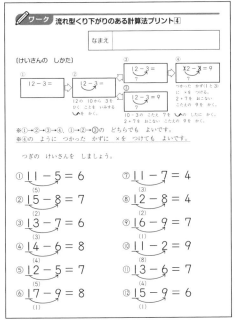

【P.57】

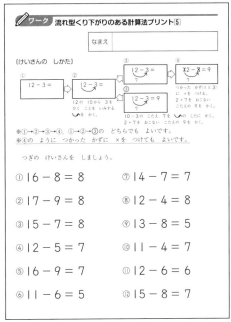

【P.58】

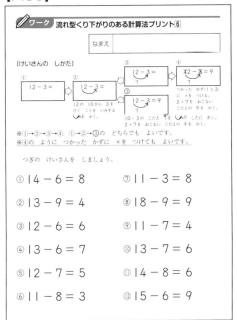

【P.69】

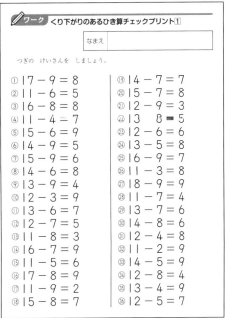

【P.70】

ワーク　くり下がりのあるひき算チェックプリント 2

なまえ

つぎの けいさんを しましょう。

① 12 − 6 = 6
② 15 − 9 = 6
③ 13 − 7 = 6
④ 11 − 3 = 8
⑤ 16 − 7 = 9
⑥ 18 − 9 = 9
⑦ 11 − 6 = 5
⑧ 17 − 8 = 9
⑨ 13 − 9 = 4
⑩ 15 − 6 = 9
⑪ 14 − 5 = 9
⑫ 12 − 9 = 3
⑬ 11 − 5 = 6
⑭ 12 − 4 = 8
⑮ 11 − 2 = 9
⑯ 14 − 6 = 8
⑰ 12 − 8 = 4
⑱ 16 − 9 = 7
⑲ 13 − 4 = 9
⑳ 14 − 8 = 6
㉑ 12 − 7 = 5
㉒ 13 − 8 = 5
㉓ 17 − 9 = 8
㉔ 13 − 5 = 8
㉕ 15 − 8 = 7
㉖ 11 − 4 = 7
㉗ 14 − 9 = 5
㉘ 12 − 5 = 7
㉙ 16 − 8 = 8
㉚ 15 − 7 = 8
㉛ 12 − 3 = 9
㉜ 11 − 8 = 3
㉝ 13 − 6 = 7
㉞ 11 − 9 = 2
㉟ 14 − 7 = 7
㊱ 11 − 7 = 4

第3章　20〜99までの数にチャレンジ

【P.75】

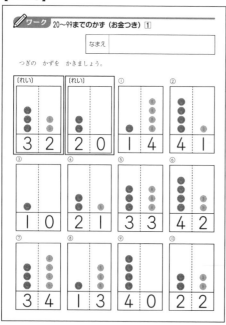

【P.76】

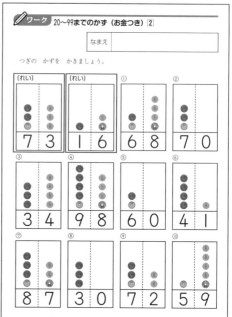

【P.78】

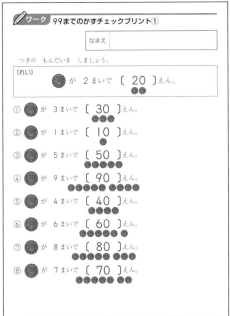

【P.79】

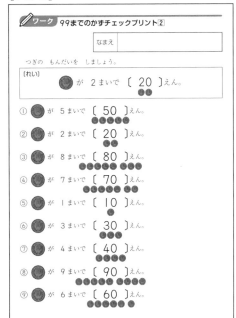

【P.80】

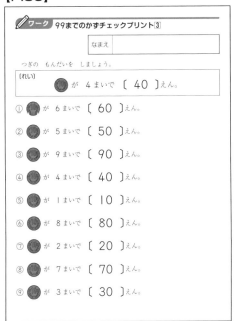

【P.81】

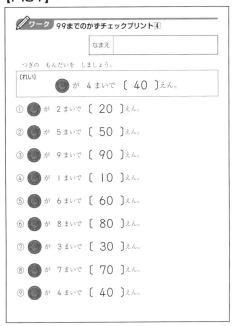

【P.82】

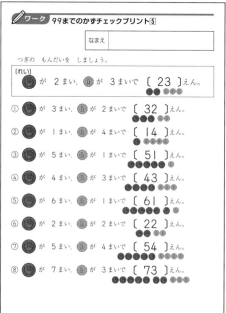

【P.83】

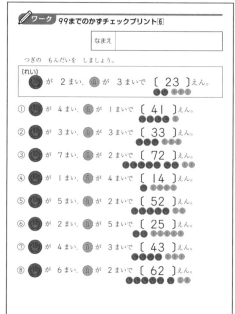

【P.84】

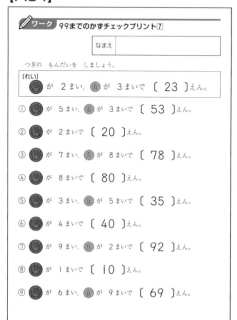

【P.85】

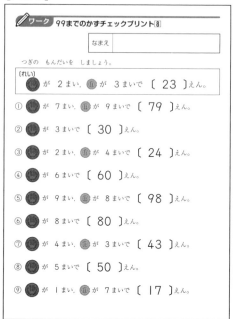

【P.86】

ワーク 99までのかずチェックプリント ⑨

なまえ

つぎの もんだいを しましょう。

① 10えんが 4まい、1えんが 6まいで 〔 46 〕えん。
② 10えんが 7まいで 〔 70 〕えん。
③ 10えんが 2まい、1えんが 3まいで 〔 23 〕えん。
④ 10えんが 8まいで 〔 80 〕えん。
⑤ 10えんが 5まい、1えんが 1まいで 〔 51 〕えん。
⑥ 10えんが 1まいで 〔 10 〕えん。
⑦ 10えんが 3まい、1えんが 7まいで 〔 37 〕えん。
⑧ 10えんが 3まいで 〔 30 〕えん。
⑨ 10えんが 6まい、1えんが 4まいで 〔 64 〕えん。
⑩ 10えんが 9まいで 〔 90 〕えん。

【P.87】

ワーク 99までのかずチェックプリント ⑩

なまえ

つぎの もんだいを しましょう。

① 10えんが 3まい、1えんが 9まいで 〔 39 〕えん。
② 10えんが 5まいで 〔 50 〕えん。
③ 10えんが 9まい、1えんが 2まいで 〔 92 〕えん。
④ 10えんが 6まいで 〔 60 〕えん。
⑤ 10えんが 2まい、1えんが 6まいで 〔 26 〕えん。
⑥ 10えんが 7まいで 〔 70 〕えん。
⑦ 10えんが 5まい、1えんが 8まいで 〔 58 〕えん。
⑧ 10えんが 1まいで 〔 10 〕えん。
⑨ 10えんが 4まい、1えんが 5まいで 〔 45 〕えん。
⑩ 10えんが 8まいで 〔 80 〕えん。

【P.88】

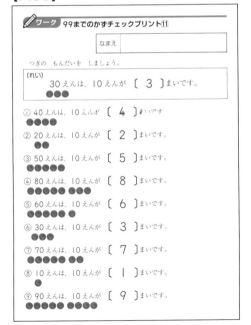

【P.89】

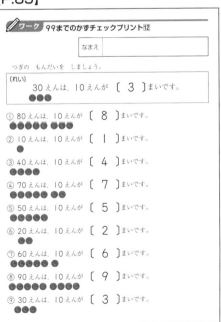

107

【P.90】

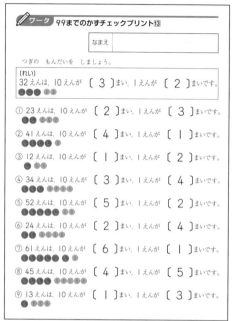

【P.91】

ワーク 99までのかずチェックプリント⑭

なまえ

つぎの もんだいを しましょう。

【れい】
32 えんは, 10 えんが 〔 3 〕まい, 1 えんが 〔 2 〕まいです。

① 12 えんは, 10 えんが 〔 1 〕まい, 1 えんが 〔 2 〕まいです。
② 31 えんは, 10 えんが 〔 3 〕まい, 1 えんが 〔 1 〕まいです。
③ 23 えんは, 10 えんが 〔 2 〕まい, 1 えんが 〔 3 〕まいです。
④ 45 えんは, 10 えんが 〔 4 〕まい, 1 えんが 〔 5 〕まいです。
⑤ 52 えんは, 10 えんが 〔 5 〕まい, 1 えんが 〔 2 〕まいです。
⑥ 15 えんは, 10 えんが 〔 1 〕まい, 1 えんが 〔 5 〕まいです。
⑦ 63 えんは, 10 えんが 〔 6 〕まい, 1 えんが 〔 3 〕まいです。
⑧ 42 えんは, 10 えんが 〔 4 〕まい, 1 えんが 〔 2 〕まいです。
⑨ 21 えんは, 10 えんが 〔 2 〕まい, 1 えんが 〔 1 〕まいです。

【P.92】

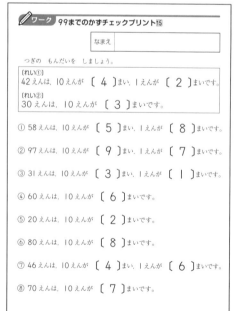

【P.93】

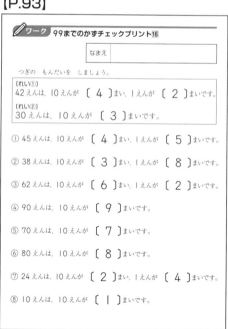

【P.94】

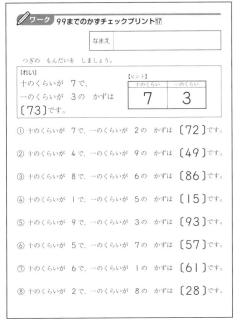

【P.95】

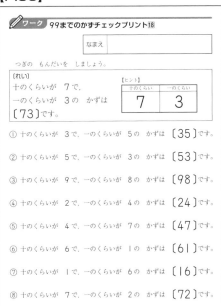

109

付録　学習指導計画・チェックリスト

・すべて最初から実施しなければならないということではありません。すでに習得している項目は，
　カットしてもかまいません。

・習得状況などを〔チェック◎ ○ △〕の欄に，◎ ○ △や文言などで記載しましょう。

内　　容	ページ	チェック ◎○△	内　　容	ページ	チェック ◎○△
たされる数がたす数より大きいたし算	16		流れ型くり下がりのある計算法プリント4	56	
たされる数がたす数より大きいたし算（まとめ）	18		流れ型くり下がりのある計算法プリント5	57	
たされる数がたす数より小さいたし算	20		流れ型くり下がりのある計算法プリント6	58	
たされる数がたす数より小さいたし算（まとめ）	22		くり下がりのあるひき算チェックプリント1	69	
流れ型くり上がりのある計算法プリント1	25		くり下がりのあるひき算チェックプリント2	70	
流れ型くり上がりのある計算法プリント2	26		20～99までのかず（タイルつき）1	73	
流れ型くり上がりのある計算法プリント3	27		20～99までのかず（タイルつき）2	74	
流れ型くり上がりのある計算法プリント4	28		20～99までのかず（お金つき）1	75	
流れ型くり上がりのある計算法プリント5	29		20～99までのかず（お金つき）2	76	
流れ型くり上がりのある計算法プリント6	30		99までのかずチェックプリント1	78	
くり上がりのあるたし算チェックプリント1	40		99までのかずチェックプリント2	79	
くり上がりのあるたし算チェックプリント2	41		99までのかずチェックプリント3	80	
くり上がりのあるたし算チェックプリント3	42		99までのかずチェックプリント4	81	
くり下がりのあるひき算1	44		99までのかずチェックプリント5	82	
くり下がりのあるひき算2	45		99までのかずチェックプリント6	83	
くり下がりのあるひき算3	46		99までのかずチェックプリント7	84	
くり下がりのあるひき算4	47		99までのかずチェックプリント8	85	
くり下がりのあるひき算（発展）1	48		99までのかずチェックプリント9	86	
くり下がりのあるひき算（発展）2	49		99までのかずチェックプリント10	87	
くり下がりのあるひき算（発展）3	50		99までのかずチェックプリント11	88	
くり下がりのあるひき算（発展）4	51		99までのかずチェックプリント12	89	
流れ型くり下がりのある計算法プリント1	53		99までのかずチェックプリント13	90	
流れ型くり下がりのある計算法プリント2	54		99までのかずチェックプリント14	91	
			99までのかずチェックプリント15	92	
			99までのかずチェックプリント16	93	
			99までのかずチェックプリント17	94	
流れ型くり下がりのある計算法プリント3	55		99までのかずチェックプリント18	95	

あ と が き

　「数を使いこなす上達トレーニング編」では，「数に慣れる基礎トレーニング編」で習得した学力をもとに学習する内容になっています。

　本シリーズでは，子どもに「どのような力」を「どのような手立て」で身につけさせるかを明確に掲載していますので，教師自身，確固たる目的意識をもって指導することができると思います。特に，これからの時代は，説明責任が求められてきます。ただ単に，「個々の実態に応じた指導を行っています」と説明しても，「どのような指導を行っているか，具体的に資料やカリキュラムを見せてください」と言われたとき，その場しのぎの指導をしていては説明責任を果たすことができません。保護者も，担任から明確な指導方針を聞くことができれば，安心して我が子を担任に任せることができるので，保護者との連携や協力も得やすくなると思います。

　「数を使いこなす上達トレーニング編」では，教科書の指導法を基軸にしながら，多様な指導法や詳細なスモールステップを設定した指導内容になっています。個々の実態に応じた指導法を選択する際，まずは教科書に掲載されている指導法を用いて指導を行い，その指導法ではどうしても習得が困難な場合は，教科書をアレンジした指導法や他の指導法を用いることが大切だと思います。その際，教師や指導者が，その児童にはどの指導法が合っているかを見切る力をつけることが必要です。どの指導法が合っているのか不安なときは，掲載している順に取り組んでください。まず教科書に沿った指導法，次に教科書をアレンジした指導法，そして多様な指導法の順で掲載しています。その子に合った指導法を選択し，時間をかけ，くり返しくり返しあきらめず，少しでも進歩があれば，賞賛し，そしてそれを保護者にも伝えることが大切だと思います。

　本書を執筆するにあたり，巻頭に推薦文を執筆してくださった菊池省三先生をはじめ，ご指導くださった園屋高志先生（鹿児島大学名誉教授），実践の検証をしてくださった鹿児島県マルチメディア教育研究会のメンバーの方々のお力添えをいただきました。

　少しでも，本書が子どもたちや先生方，保護者のお役に立てば幸いです。

　本書に関するお問い合わせやご意見，ご要望は，大江（ooe@po.synapse.ne.jp）までメールをいただければありがたいです。

大江　浩光

【参考図書】
・『みんなとまなぶ　しょうがっこう　さんすう1ねん』（学校図書）
・『本能式計算法』（大江浩光著，押谷由夫解説，学芸みらい社）
・『おもしろ教材・教具集＆知っ得情報』（大江浩光著，押谷由夫解説，学事出版）

【著者紹介】

大江　浩光（おおえ　ひろみつ）

1963年10月1日　和歌山県東牟婁郡串本町古座で生まれる
1987年4月　鹿児島県の小学校教諭になる

〈特別支援教育関係の単著〉
『おもしろ教材・教具集＆知っ得情報』（押谷由夫解説，学事出版）『ひらがな完全習得ワーク』（野口芳宏解説，学事出版）『本能式計算法』（押谷由夫解説，学芸みらい社）『7歳までの教育』（押谷由夫解説，明治図書）

〈道徳関係の単著〉（いずれも明治図書）
『子どもが夢中になる落語流道徳自作資料10選』（深澤久解説）『今を生きる人々に学ぶ』（深澤久解説）『「いじめ」の授業』（押谷由夫解説）『絵本を使った道徳授業』（押谷由夫解説）『「学級崩壊」の授業』（押谷由夫解説）『続・落語流道徳授業』（押谷由夫解説）『7歳までの教育』（押谷由夫解説）『規範意識を高める道徳授業』（押谷由夫解説）『「夢」の授業』（押谷由夫解説）

〈開発した教育アプリ〉
・「たす・ひく」アプリ　・「かける・わる」アプリ

〈教育委員会主催の講演歴〉
和歌山県和歌山市教育委員会主催研修会／長崎県佐世保市教育センター主催研修講座／和歌山県和歌山市教育委員会主催初任者研修会／富山県魚津地区教育センター協議会主催研修会／滋賀県総合教育センター主催教職10年目研修会／兵庫県芦屋市教育委員会主催研修会／兵庫県三田市教育委員会主催研修会／兵庫県西宮市教育委員会主催研修会／大阪府富田林市教育委員会主催研修会／大阪府河内長野市教育委員会主催研修会　他多数

※学校主催や民間団体，保護者主催の講座など，合わせて約100回以上の講演・講座。

※特別支援教育や道徳の講演会や講座をご希望の方は，お気軽に連絡をいただければありがたいです。講師料はいりません。現場ですぐに役立ち，結果を残すことができる理論と実践を紹介させていただきます。連絡先は，ooe@po.synapse.ne.jp　です。

〔本文イラスト〕木村美穂

数が苦手な子のための計算支援ワーク2
数を使いこなす上達トレーニング編

2018年4月初版第1刷刊　Ⓒ著　者　大　江　浩　光
　　　　　　　　　　　　　発行者　藤　原　光　政
　　　　　　　　　　　　　発行所　明治図書出版株式会社
　　　　　　　　　　　　　　　　　http://www.meijitosho.co.jp
　　　　　　　　　　　　　（企画）林　知里（校正）㈱東図企画
　　　　　　　　　　　　　〒114-0023　東京都北区滝野川7-46-1
　　　　　　　　　　　　　振替00160-5-151318　電話03(5907)6703
　　　　　　　　　　　　　ご注文窓口　電話03(5907)6668
＊検印省略　　　　　　　　組版所　株式会社明昌堂

本書の無断コピーは，著作権・出版権にふれます。ご注意ください。
教材部分は，学校の授業過程での使用に限り，複製することができます。

Printed in Japan　　　　　　　　　　　　ISBN978-4-18-282311-4
もれなくクーポンがもらえる！読者アンケートはこちらから →